L'ULTIMO DOLCETTI AL CIOCCOLATO LIBRO DI CUCINA

100 DELIZIE AL CIOCCOLATO SEMPLICI E DELIZIOSE

GELTRUDE UDINESI

Tutti i diritti riservati.

Disclaimer

Le informazioni contenute in questo eBook intendono servire come una raccolta completa di strategie su cui l'autore di questo eBook ha svolto ricerche. Riepiloghi, strategie, suggerimenti e trucchi sono solo raccomandazioni dell'autore e la lettura di questo eBook non garantisce che i risultati rispecchino esattamente i risultati dell'autore. L'autore dell'eBook ha compiuto ogni ragionevole sforzo per fornire informazioni aggiornate e accurate ai lettori dell'eBook. L'autore e i suoi associati non saranno ritenuti responsabili per eventuali errori o omissioni non intenzionali che potrebbero essere trovati. Il materiale contenuto nell'eBook può includere informazioni di terzi. I materiali di terze parti comprendono le opinioni espresse dai loro proprietari. In quanto tale, l'autore dell'eBook non si assume alcuna responsabilità per materiale o opinioni di terze parti.

L'eBook è copyright © 2022 con tutti i diritti riservati. È illegale ridistribuire, copiare o creare lavori derivati da questo eBook in tutto o in parte. Nessuna parte di questo rapporto può essere riprodotta o ritrasmessa in alcun modo riprodotta o ritrasmessa in qualsiasi forma senza l'autorizzazione scritta espressa e firmata dall'autore.

SOMMARIO

SOMMARIO 3
INTRODUZIONE 7
GELATO AL CIOCCOLATO 8
    1. GELATO ALLA NOCCIOLA AL CIOCCOLATO 9
    2. SCHIOCCHI DI GELATO RICOPERTI DI CIOCCOLATO 11
    3. SORPRESA AL CIOCCOLATO CONGELATO 13
    4. GELATO ALLA CREMA DI CIOCCOLATO 16
    5. GELATO MANDORLE E CIOCCOLATO UVETTA 18
    6. GELATO ALLA BANANA E CIOCCOLATO BIANCO 20
    7. SORBETTO DI MAIS E CACAO 22
TORTE AL CIOCCOLATO 24
    8. TORTA MIX TORTA FORESTA NERA 25
    9. TORTA MIX DI CILIEGIE CORDIAL CAKE 27
    10. TORTA MIX DI ZUCCHINE TORTA 29
    11. TORTA AL CIOCCOLATO 31
    12. TOFFEE POKE CAKE 34
    13. BUDINO IN ERBA 36
    14. TORTA DI MANDORLE AL CIOCCOLATO 38
    15. TORTA AL CAFFÈ ALL'ANANAS 41
    16. TORTA DI BARBABIETOLA GLASSATA 43
    17. UNA TORTA UMIDA 45
    18. TORTA A STRATI AL CIOCCOLATO 47
    19. TORTA TRES LECHES 49
    20. TORTA AL CIOCCOLATO 52
    21. TORTA AL CIOCCOLATO BUNDT 55
BROWNIES AL CIOCCOLATO 57
    22. BROWNIES PER TORTE 58
    23. BROWNIES AL TRIPLO FONDENTE 61

24. BROWNIES CREMA DI FORMAGGIO 63
25. BROWNIES ALLE ARACHIDI 65
26. MORSI DI BROWNIE 68
27. BUD BROWNIES CON GOCCE DI CIOCCOLATO 70
28. BROWNIES ALLA NOCCIOLA 72
29. BROWNIES A BASSO CONTENUTO DI CARBOIDRATI 74
30. BROWNIES ALLA CAVALLETTA 76
31. BROWNIES ALLA MENTA 78
32. BROWNIES DI PATATE DOLCI E CAFFÈ 81
33. BROWNIES ALLA CORTECCIA DI MENTA PIPERITA 84
34. BARRETTE AL BURRO DI ARACHIDI 86
35. BROWNIES ALLE ZUCCHINE PREFERITI 89
36. BROWNIES AL CIOCCOLATO AL MALTO 91

BISCOTTI AL CIOCCOLATO 93

37. BISCOTTI PRETZEL E CARAMELLO 94
38. BISCOTTO BUCKEYE 96
39. TORTA DI BISCOTTI MISTI 98
40. BISCOTTI DEVIL CRUNCH 100
41. BISCOTTI ALLE NOCI PECAN 102
42. BROWNIES ALLA PANNA 104
43. BISCOTTI SANDWICH MIX PER TORTA 106
44. BISCOTTI MUESLI E CIOCCOLATO 108
45. BISCOTTI DI ZUCCHERO 110
46. BISCOTTI TEDESCHI 112
47. GELATO DI SOIA AL CIOCCOLATO 114
48. PANINI AL DOPPIO CIOCCOLATO 117
49. PANINO GELATO AL CIOCCOLATO E COCCO 120
50. BANANE AL CIOCCOLATO CONGELATE 123
51. PANINO BISCOTTO GELATO 126

BISCOTTI E MUFFIN AL CIOCCOLATO 128

52. CUPCAKES AL LIMONE 129
53. CUPCAKES AL CIOCCOLATO E CARAMELLO 132

54. Cupcakes alla torta di fango 134
55. Muffins Di Zucca Mix Per Torta 136
56. Mix per torte Praline Cupcakes 138
57. Cupcake Piña Colada 140
58. Mini cake alla ciliegia 143
59. cupcake Red Velvet 145
60. Cupcakes alla torta di mele 147
61. Cupcakes al topo 149
62. Muffin al cioccolato Kirsch 151
63. Muffin alla carota 153
64. Cupcakes al rum e uvetta 156
65. Cupcakes al cioccolato caldo 160
66. Muffin Crumble Di Banana 162
67. Muffin al limone e cocco 165
68. Cupcakes per toast alla francese 167
69. Cupcakes con colibrì 170

Dolci al Cioccolato 173

70. Panna Cotta Al Cioccolato 174
71. Ciambelle ciliegie e cioccolato 176
72. Fonduta di amaretto al cioccolato 179
73. Caramella di cinque minuti 181
74. Fonduta Di Cioccolato Alla Menta 183
75. Soufflé di nuvole di cioccolato 185
76. Frutti immersi nel cioccolato 187

Barrette e piazze di cioccolato 189

77. Barrette proteiche vegane 190
78. Barretta di quinoa soffiata 193
79. Tazze Matcha per anacardi 195
80. Fette di cioccolato di ceci 197
81. Barrette di banana 199
82. Pancetta candita toffee quadrati 202
83. Barrette proteiche al cioccolato e noci 205

84. Barrette proteiche al cioccolato tedesche 207
85. Barrette di torta proteica al triplo cioccolato 210
86. Barrette di cioccolato e lampone 213
87. Barrette proteiche al muesli 215
88. Barrette Di Ciliegie Della Foresta Nera 217
89. Barrette di popcorn al mirtillo rosso 219
90. Ciao Dolly Bar 221
91. Barrette alla crema irlandesi 223
92. Barrette alla banana 226
93. Quadrati di farina d'avena di zucca in qualsiasi momento .. 228
94. Barrette di zucca di velluto rosso 231
95. Corteccia di cioccolato con noci pecan candite 233

PALLINE DI CIOCCOLATO 236

96. Palline di mandorle biscotto 237
97. Bocconcini di muesli al cioccolato bianco 239
98. Tartufi d'Ancho Cile 241
99. Tartufi al cioccolato 243
100. Ciliegie ricoperte di cioccolato 245

CONCLUSIONE 247

INTRODUZIONE

Storia del cioccolato

Prima di addentare una barretta di latte liscia e ricca, dovresti sapere che i cioccolatini non erano sempre così dolci. Erano tradizionalmente una bevanda amara. I cioccolatini sono stati originariamente trovati nelle foreste pluviali tropicali dell'America centrale.

I cioccolatini erano coltivati dai mesoamericani e l'antica tribù credeva che i cioccolatini contenessero poteri mistici. Era anche noto per le sue proprietà afrodisiache e le qualità spirituali. La fava di cacao era adorata dai Maya. Ed erano riservati solo ai più nobili dignitari, governanti, guerrieri e sacerdoti. Era anche una forma di valuta nella regione Maya.

Nel 1828 fu fondata la pressa del cacao. Questa macchina separerebbe il burro di cacao e il cacao in polvere dalle fave di cacao. Nel 1887 un cioccolatiere svizzero decise di mettere il latte nella miscela. Stava cercando un modo per conservare il cioccolato al latte per un lungo periodo di tempo e così il cioccolato al latte è stato introdotto nel mondo. Da quel momento in poi, i cioccolatini furono facilmente disponibili per le masse. Con il marketing e una maggiore produzione, i cioccolatini erano ormai una prelibatezza che tutti possono gustare.

GELATO AL CIOCCOLATO

1. Gelato alla nocciola al cioccolato

Ingredienti:

- 1 misurino gelato al cioccolato ricco
- 1 misurino gelato al burro di noci pecan
- 2 cucchiai salsa al cioccolato
- 2 cucchiai di noci miste tostate
- scaglie, riccioli o granelli di cioccolato

Indicazioni:

a) Disporre le due palline di gelato in una pirofila da gelato fredda.
b) Irrorate con la salsa al cioccolato e poi spolverizzate con noci e cioccolato.

2. Schiocchi di gelato ricoperti di cioccolato

Ingredienti:

- 1 ricettagelato alla vaniglia
- 1 ricettasalsa al cioccolato
- noci o confettini tritati finemente

Indicazioni:

a) Trasformate il gelato in palline di varie dimensioni. Adagiateli subito su carta oleata e ricongelate molto bene.
b) Preparare la salsa al cioccolato e poi lasciarla in un luogo fresco (non freddo) finché non si sarà raffreddata ma non addensata.
c) Coprire diverse teglie con carta oleata. Infilare un bastoncino di ghiacciolo al centro di una pallina di gelato e immergerlo nel cioccolato fino a ricoprirlo completamente. Tenerlo sopra la ciotola del cioccolato fino a quando non ha finito di gocciolare e poi adagiarlo sulla carta oleata pulita.
d) Spolverizzate con noci o confettini colorati a piacere. Mettere i gelati nel congelatore e lasciarli fino a quando non saranno ben sodi (diverse ore). Anche se si conservano per diverse settimane, a seconda della varietà di gelato utilizzata, è meglio mangiarli il prima possibile.

3. Sorpresa al cioccolato congelato

Fa 5 tazze

ingredienti

- 1 tazza di fagioli anko o adzuki, messi a bagno per una notte
- 2 tazze di zucchero di canna
- 2 tazze d'acqua
- Cucchiai di polvere di carruba
- 2 tazze di latte di riso
- 1 tazza di yogurt
- frutta fresca a fette, per servire

Indicazioni

a) Scolare i fagioli ammollati e metterli in una larga padella coperta d'acqua. Portare a bollore e far sobbollire per 1 ora o fino a quando non iniziano ad ammorbidirsi.

b) Scolare e rimettere nella padella con lo zucchero di canna e 2 tazze di acqua. Cuocere, senza coperchio, a fuoco moderato fino a quando non saranno ben teneri e molto del liquido si sarà ridotto. Freddo.

c) In un robot da cucina frullare i fagioli con una quantità sufficiente del loro liquido di cottura per ottenere una purea soffice. Unite poi la polvere di carruba, il latte di riso e lo yogurt.

d) Frullare fino a ottenere un composto davvero liscio. Trasferire in una gelatiera e mantecare seguendo le indicazioni del produttore, oppure trasferire in un contenitore per congelatore e seguire le istruzioni**istruzioni per la miscelazione a mano**. Se usi una gelatiera, smetti di mantecare quando è quasi soda, trasferisci in un contenitore per il congelatore e lascia in congelatore per 15 minuti prima di servire o fino a quando non è necessario.

e) Al momento di servire, togliere dal congelatore e lasciar ammorbidire per 15 minuti. Servire con frutta fresca a fette.

4. Gelato alla crema di cioccolato

Rendi 6 porzioni

ingredienti

- 3 once di cioccolato semidolce
- 1 oncia di cioccolato non zuccherato
- 1 ricetta Base per gelato alla crema, tiepida

Indicazioni

a) Sciogliere il cioccolato insieme in una casseruola a fuoco basso, mescolando di tanto in tanto fino a che liscio. Aggiungere gradualmente un po' della base di gelato al cioccolato, sbattendo spesso per mantenere il cioccolato liscio.
b) Aggiungere la restante base di gelato e cuocere a fuoco basso fino a quando il composto non sarà ben amalgamato. Raffreddare bene.
c) Versare il composto nella ciotola della gelatiera e congelare. Si prega di seguire il manuale di istruzioni del produttore.

5. Gelato Mandorle E Cioccolato Uvetta

Circa 6 porzioni

ingredienti

- 25 g/1 oncia. mandorle pelate
- Scatola da 284 ml di panna doppia, fredda
- 250 g/9 once yogurt naturale magro, freddo
- 6 cucchiai di zucchero a velo rasi
- ½ cucchiai di estratto di mandorle
- 100 g/3½ oz. uvetta al cioccolato al latte

Indicazioni

a) Tritare finemente le mandorle. Metterli in una piccola padella e farli tostare, mescolando di tanto in tanto, fino a doratura.
b) Trasferiteli su un piatto e lasciate raffreddare.
c) Versare la panna in una caraffa e aggiungere lo yogurt. Setacciare lo zucchero a velo sulla panna e lo yogurt e aggiungere l'estratto di mandorle. Con una frusta, mescola fino a che liscio
d) Coprite e fate raffreddare per 20-30 minuti. Versare il composto nella gelatiera e congelare secondo le istruzioni.
e) Aggiungere l'uvetta al cioccolato e le mandorle tostate durante l'ultimo minuto o due di mantecazione. Trasferire in un contenitore adatto e congelare fino al momento del bisogno.

6. Gelato alla banana e cioccolato bianco

Fa 5 tazze

ingredienti

- 3 tazze di panna da montare, divisa
- 1 tazza metà e metà
- 3/4 tazza di zucchero semolato
- 4 uova grandi
- 8 once di cioccolato bianco, fuso
- 1 1/2 libbra (circa 4) banane molto mature
- 3 cucchiai di succo di limone fresco

Indicazioni

a) Portare 1 tazza di panna, metà e metà e lo zucchero a sobbollire in una casseruola media pesante, mescolando di tanto in tanto. Sbattere i tuorli in una ciotola media. Sbattere nella miscela di panna calda. Riportare il composto nella casseruola e mescolare a fuoco medio basso fino a quando la crema non si addensa e ricopre il cucchiaio (circa 5 minuti); non bollire.
b) Filtrare in una ciotola capiente. Aggiungere il cioccolato bianco; frullare fino a quando non sarà ben amalgamato. Unire le restanti 2 tazze di panna. Refrigerare fino a freddo.
c) Sbucciare e affettare le banane. Frullate le banane con il succo di limone. Unire la purea alla crema pasticcera. Trasferire la crema nella gelatiera e lavorare secondo le istruzioni del produttore.

7. Sorbetto di mais e cacao

·

ingredienti
- ½ tazza di masa harina
- 2½ tazze d'acqua, più altro se necessario
- 1 tazza di zucchero
- ½ tazza di cacao in polvere non zuccherato
- Un pizzico di sale kosher
- ¾ cucchiaino di cannella messicana macinata
- 5 once di cioccolato agrodolce o semidolce, tritato finemente

Indicazioni

a) In una ciotola, unire la masa harina con ½ tazza d'acqua. Impastare con le mani fino ad ottenere un impasto omogeneo. Se vi sembra un po' asciutto, aggiungete un altro paio di cucchiai d'acqua e tenete da parte.

b) In una grande casseruola, sbatti insieme le restanti 2 tazze d'acqua e lo zucchero, il cacao in polvere e il sale. Portare a ebollizione a fuoco medio, mescolando continuamente per far sciogliere lo zucchero.

c) Aggiungere il composto di masa, riportare a bollore e cuocere, mescolando continuamente, fino a quando il composto non è ben amalgamato e non ci sono assolutamente grumi, circa 3 minuti. Sbattere la cannella e il cioccolato, fino a quando il cioccolato non si scioglie. Trasferire la base in una ciotola, coprire e conservare in frigorifero fino a quando non sarà fredda, circa 2 ore.

d) Sbattere la base per ricomporre. Congelare e mantecare in una gelatiera secondo le istruzioni del produttore. Per una consistenza morbida, servire subito il sorbetto; per una consistenza più soda, trasferirlo in un contenitore, coprire e congelare per non più di 1 ora prima di servire.

TORTE AL CIOCCOLATO

8. Torta Mix Torta Foresta Nera

Fa: 12

ingredienti

- 1 pacchetto di torta al cioccolato da 18,25 once
- 1 ripieno per torta di ciliegie da 21 once
- 2 uova
- 1/3 tazza di olio d'oliva
- 1 cucchiaino di estratto di mandorle
- 1 tazza di zucchero semolato
- 5 cucchiai di burro
- 1/3 tazza di latte
- 1 tazza di gocce di cioccolato

Indicazioni

a) Preriscaldare il forno a 350°F. Imburrare e infarinare una tortiera. Mettere da parte.
b) In una ciotola capiente, unire il composto per torte, il ripieno, le uova, l'olio e l'estratto di mandorle. Mescolare per formare una pastella liscia. Cuocere per 30 minuti.
c) Nel frattempo unire gli altri ingredienti in una casseruola, portando a bollore dolcemente. Mescolare fino a che liscio e utilizzare per glassare una torta calda.

9. Torta Mix Di Ciliegie Cordial Cake

Fa: 12

ingredienti

- 1 Mix per torta al cioccolato in scatola da 18,25 once
- 1 confezione da 3,9 once miscela di budino al cioccolato istantaneo
- 4 uova
- 1 ¼ tazze d'acqua
- ½ tazza di olio d'oliva
- 1 cucchiaio di estratto o aroma di ciliegia
- 1 tazza di bocconcini di cioccolato
- 1 vasetto di glassa al cioccolato preparata
- Caramelle alla ciliegia per guarnire

Indicazioni

a) Preriscaldare il forno a 350°F. Imburrare e infarinare una tortiera. Mettere da parte.
b) In una ciotola capiente, unire il composto per dolci, il composto per budino, le uova, l'acqua, l'olio e l'estratto. Frullare con le fruste elettriche a bassa velocità per 2 minuti.
c) Versare l'impasto in una tortiera. Cospargere uniformemente i bocconcini di cioccolato sopra la pastella bagnata della torta. Cuocere per 55 minuti. Fate raffreddare completamente la torta prima di glassare e decorare con le caramelle.

10. Torta Mix Di Zucchine Torta

Fa: 12

ingredienti

- ¾ tazza di burro
- 3 uova
- 1 cucchiaino di estratto di vaniglia
- ¼ cucchiaino di estratto di mandorle
- 1 tazza di panna acida
- 1 mix di torta al cioccolato in scatola da 18,25 once con budino
- 1 zucchina media, grattugiata
- 1 glassa al cioccolato preparata in una vasca da 12 once

Indicazioni

a) Preriscaldare il forno a 325°F.
b) In una ciotola capiente, montare il burro, le uova, l'estratto di vaniglia e l'estratto di mandorle. Incorporate lentamente la panna acida. Aggiungi il composto per torte. Unite le zucchine grattugiate.
c) Versare la pastella nella tortiera e agitare fino a quando la pastella non è livellata. Cuocere per 45 minuti o fino a quando uno stuzzicadenti non esce pulito.
d) Far raffreddare completamente la torta prima di capovolgere la teglia sul piatto da portata.

11. Torta al cioccolato

Per: 20 porzioni

ingredienti

- 1 confezione di mix per torta al cioccolato
- 2 cucchiaini di estratto di vaniglia, diviso
- Dash sale
- 2/3 tazza di burro
- 28 once di latte condensato zuccherato
- 1 tazza di zucchero a velo
- Topping: biscotti sandwich ripieni di burro di arachidi tritati

Indicazioni

a) Preriscaldare il forno a 350°. Preparare il composto per torte secondo le indicazioni sulla confezione, aggiungendo 1 cucchiaino di vaniglia e sale prima di mescolare la pastella. Trasferire in un 13x9 ingrassato. teglia. Sfornate e fate raffreddare completamente come indicato sulla confezione.

b) Sbattere il burro e il latte fino a quando non si saranno amalgamati.

c) Versare lentamente 2 tazze di composto di burro sulla torta, riempiendo ogni buco.

d) Refrigerare la torta e il composto di burro rimanente, coperto, fino a quando la torta non sarà fredda, 2-3 ore.

e) Unire la restante vaniglia e la restante miscela di burro di arachidi; sbattere gradualmente lo zucchero a velo sufficiente per ottenere una consistenza spalmabile.

f) Spalmare sulla torta. Aggiungi condimenti a piacere.

12. Toffee Poke Cake

Per: 15 porzioni

ingredienti

- 1 confezione di mix per torta al cioccolato
- 17 once di copertura per gelato al caramello al caramello
- 12 once di guarnizione montata congelata, scongelata
- 1 tazza di burro
- 3 barrette di cioccolato Heat, tritate

Indicazioni

a) Preparare e cuocere la torta secondo le indicazioni sulla confezione, utilizzando il burro.

b) Raffreddare su una gratella.

c) Usando il manico di un cucchiaio di legno, fai dei buchi nella torta. Versare 3/4 di tazza di caramello nei buchi. Versare il caramello rimasto sulla torta. Ricoprire con la panna montata. Cospargere di caramelle.

d) Mettere in frigo per almeno 2 ore prima di servire.

13. Budino in erba

Per: 12 porzioni

ingredienti

- 1 confezione di mix per torta al cioccolato
- 1 confezione (3,9 once) miscela di budino al cioccolato istantaneo
- 2 tazze di panna acida
- 4 uova grandi
- 1 tazza d'acqua
- 3/4 di tazza di olio d'oliva
- 1 tazza di gocce di cioccolato semidolce
- Panna montata o gelato

Indicazioni

a) In una ciotola capiente, unire i primi sei ingredienti; battere a bassa velocità per 30 secondi. Sbattere a fuoco medio per 2 minuti. Unire le gocce di cioccolato. Versare in un 5-qt unto. pentola a cottura lenta.

b) Coprire e cuocere a fuoco basso fino a quando uno stuzzicadenti inserito al centro esce con le briciole umide, 6-8 ore.

14. Torta Di Mandorle Al Cioccolato

Per: 16 porzioni

ingredienti

- 1 confezione di mix per torta al cioccolato (dimensione normale)
- 1 confezione (3,9 once) miscela di budino al cioccolato fondente istantaneo
- 1-1/4 tazze d'acqua
- 1/2 tazza di olio d'oliva
- 4 uova grandi
- 3 cucchiaini di estratto di mandorle
- 2-3/4 tazze di gocce di cioccolato semidolce, divise
- 6 cucchiai di panna fresca refrigerata normale o all'amaretto
- 1 cucchiaio di mandorle affettate

Indicazioni

a) In una ciotola capiente, unire il composto per torte, il composto per budini, l'acqua, l'olio, le uova e l'estratto; sbattere fino a quando non sono combinati. Unire 2 tazze di gocce di cioccolato.

b) Versare in un 10-in unto e infarinato. teglia scanalata. Infornate a 350° per 65-70 minuti o fino a quando uno stuzzicadenti inserito al centro esce pulito. Raffreddare per 10 minuti prima di togliere dalla padella su una griglia a raffreddare completamente.

c) In una padella, unire la panna e le restanti gocce di cioccolato. Cuocere a fuoco basso fino a quando le patatine non si saranno sciolte; mescolare fino a che liscio. Raffreddare per 45 minuti. Cospargete la torta. Guarnire con le mandorle.

15. Torta al caffè all'ananas

Per: 12 porzioni

Ingrediente

- 2 tazze di mix per torta al cioccolato
- 1 uovo
- ⅓ tazza di zucchero semolato
- ⅓ tazza di latte

Condimenti

- ⅓ tazza Cuocete tutto mescolate
- ⅓ tazza Zucchero di canna -- confezionato
- ½ cucchiaino di cannella in polvere
- 1 tazza di bocconcini di ananas -- drenati

Indicazioni

a) Rompete l'uovo in una ciotola e sbattete leggermente. Aggiungere lo zucchero e il latte e mescolare bene. Aggiungere gradualmente 2 tazze di Mix. Sbattere fino a quando non si sarà amalgamato.

b) Riempire per metà gli stampini da forno

c) Prepara la guarnizione unendo ⅓ tazza di Mix, zucchero di canna e cannella. Spalmate i bocconcini di ananas sulla pastella. Cospargere la guarnizione sull'ananas.

d) Cuocere in un forno a 400 F. per 15-20 minuti.

16. Torta di barbabietola glassata

Fa: 8

ingredienti

- 1 confezione da 18 once mix di torta al cioccolato più gli ingredienti richiesti sulla confezione
- 3 tazze di barbabietole, tritate
- 4 cucchiai di burro, sciolto
- $\frac{1}{2}$ tazza di zucchero a velo

Indicazioni

a) Preparare e cuocere la torta secondo le istruzioni per la preparazione della torta, incorporando le barbabietole mentre si aggiungono gli ingredienti umidi.
b) Lascia raffreddare leggermente la torta.
c) Sbattere il burro e lo zucchero a velo con una forchetta.
d) Cospargere la torta con la glassa.

17. Una torta umida

Fa: 8

ingredienti

- 1 Mix per torta al cioccolato in scatola da 18,25 once
- 1 tazza di panna acida
- 1 tazza di olio di cocco
- 4 uova
- ½ tazza d'acqua
- 1 glassa preparata in una vasca da 16 once

Indicazioni

a) Preriscaldare il forno a 350°F. Imburrare e infarinare una tortiera. Mettere da parte.
b) In una grande ciotola, unire il composto per dolci, la panna acida, l'olio di cocco, le uova e l'acqua. Versare in una tortiera. Cuocere per 50 minuti.
c) Sfornare e lasciare raffreddare completamente. brina

18. Torta a strati al cioccolato

Fa: 12

ingredienti

- 1 Mix di torta al cioccolato in scatola da 18,25 once più gli ingredienti richiesti sulla scatola
- 1 topping per gelato al caramello in vasetto da 6 once
- 7 once di olio d'oliva
- 1 guarnizione montata non casearia da 8 once, scongelata
- 8 barrette di cioccolato, tritate o frantumate

Indicazioni

a) Preparare e cuocere la torta secondo le istruzioni per una torta 9" × 13".

b) Sfornare la torta e lasciarla raffreddare per 10 minuti prima di fare dei buchi nella parte superiore della torta con una forchetta o uno spiedino a punte lunghe.

c) Versare il caramello e poi il latte condensato sulla torta, riempiendo tutti i buchi. Lasciate riposare la torta finché non si sarà completamente raffreddata.

d) Glassare con la guarnizione montata e cospargere con pezzi di barretta di cioccolato. Refrigerare

19. Torta Tres leches

Per: 16 mini torte

Ingredienti:
- 1 tazza di farina per tutti gli usi
- 1½ cucchiaino di lievito in polvere
- Pizzico di sale
- 5 uova grandi, separate
- 4 Cucchiaio di burro, sciolto e fatto raffreddare
- 1 tazza più 3 cucchiai di zucchero semolato
- 4 cucchiaini di estratto di vaniglia
- ¼ tazza di latte intero
- Lattina da 350 ml di latte evaporato
- Lattina da 400 ml di latte condensato
- 2½ tazze di panna
- 1 cucchiaio di burro non salato, sciolto e fatto raffreddare

Indicazioni

a) Riscalda il forno a 171°C (340°F). Imburrate e infarinate uno stampo da muffin da 24 tazze o due stampi da muffin da 12 tazze, riempiendo le cavità vuote con acqua e tenete da parte.
b) In una ciotola media, mescolare la farina per tutti gli usi, il lievito e il sale. Mettere da parte.
c) Dividere gli albumi e i tuorli in diverse ciotole medie. In una ciotola, sbattere i tuorli, 2 cucchiai di burro e
d) ¾ tazza di zucchero con le fruste elettriche a velocità media fino a quando non diventa giallo pallido. Aggiungere 2 cucchiaini di estratto di vaniglia e il latte intero e sbattere a bassa velocità fino a quando non saranno incorporati.
e) Nell'altra ciotola sbattere gli albumi a velocità medio-alta per 2 minuti fino a quando non si formeranno delle cime morbide.

f) Aggiungere ¼ di tazza di zucchero e continuare a sbattere a velocità medio-alta fino a quando i bianchi non saranno ben sodi.
g) Unire il composto di tuorlo e farina. Incorporate delicatamente il composto di albumi e poi versate la pastella nello stampo o negli stampini per muffin.
h) Cuocere per 20 minuti o fino a quando il centro non si sarà rappreso. Sfornare, bucherellare la superficie con una forchetta e lasciar raffreddare.
i) In una ciotola media, unire il latte evaporato, il latte condensato, ½ tazza di panna, i restanti 2 cucchiai di burro e il burro non salato e versare sulle torte.
j) Sbattere le restanti 2 tazze di panna, i restanti 3 cucchiai di zucchero e i restanti 2 cucchiaini di estratto di vaniglia con uno sbattitore elettrico a velocità media fino a ottenere un composto spumoso. Distribuire sulle torte raffreddate.
k) Conservazione: Conservare in frigorifero in un contenitore ermetico per un massimo di 3 giorni.

20. Torta al cioccolato

Ingredienti:

- Cacao per spolverare la teglia
- 6 cucchiai di burro non salato
- 4 once di cioccolato non zuccherato
- 1/3 di tazza metà e metà
- 1/3 tazza di confettura di frutta e lamponi
- 1 cucchiaino di caffè espresso istantaneo in polvere
- 1 cucchiaio di zucchero
- 3 uova grandi, separate
- 1 cucchiaino di estratto di vaniglia
- 22 bustine di dolcificante all'aspartame
- $\frac{1}{8}$ cucchiaino di cremor tartaro
- $\frac{1}{4}$ tazza di farina per tutti gli usi
- $\frac{1}{8}$ cucchiaino di sale
- 1 tazza di crema pesante
- $\frac{1}{2}$ tazza di lamponi per guarnire (facoltativo)

Indicazioni:

a) Unisci il burro, il cioccolato, metà e metà, la confettura di lamponi e l'espresso in polvere in un piatto adatto al microonde. Riscaldare nel microonde alla massima potenza (100 percento di potenza) fino a quando il cioccolato non si scioglie, da 2 a 3 minuti.

b) Sbattere lo zucchero, i tuorli d'uovo e la vaniglia. Aggiungere l'aspartame, sbattere fino a che liscio.

c) In un'altra ciotola montate gli albumi a neve, quindi aggiungete il cremor tartaro e montate a neve ben ferma. Unire il composto di cioccolato agli albumi, quindi incorporare la farina e il sale, facendo attenzione a non mescolare troppo. Versare nella padella preparata. Infornare.

21. Torta al cioccolato Bundt

Serve 6

Ingredienti:

- 1 ½ tazza (150 g) di farina di mandorle
- ½ tazza (75 g) di Natvia
- ⅓ tazza (30 g) di cacao in polvere non zuccherato
- 1 cucchiaino (5 g) di lievito in polvere
- ⅓ tazza (85 g) di latte di mandorle non zuccherato
- 2 uova grandi (51 g ciascuna)
- 1 cucchiaino (5 g) di estratto di vaniglia

Indicazioni:

a) Preriscaldare la friggitrice ad aria a 180°C, per 3 minuti.

b) In una ciotola capiente, mescolate tutti gli ingredienti fino a quando non saranno ben amalgamati.

c) Spruzzare d'olio uno stampo per ciambelle. NB: Le tortiere per ciambelle sono disponibili in una varietà di dimensioni, le dimensioni di cui hai bisogno dipenderanno dalle dimensioni della tua friggitrice ad aria. Un leggero spruzzo di olio o una spazzola con burro fuso eviterà che si attacchi.

d) Versare la pastella nella teglia.

e) Mettere nel cestello della friggitrice ad aria e cuocere a 160°C, per 10 minuti.

f) Raffreddare per 5 minuti prima di rimuovere.

BROWNIES AL CIOCCOLATO

22. Brownies per torte

Fa: 12

ingredienti

- 1 confezione di mix per torta al cioccolato (dimensione normale)
- 3/4 di tazza di burro, fuso
- 1 lattina (5 once) di latte evaporato, diviso
- 1 confezione (11 once) di caramelle Kraft
- 1 tazza di gocce di cioccolato semidolce
- 1 confezione di mix per torte gialle (dimensioni normali)
- 1 uovo grande, a temperatura ambiente
- 1/2 tazza più 1 cucchiaio di burro, ammorbidito, diviso
- 1 lattina (14 once) di latte condensato zuccherato
- 1 confezione (11-1/2 once) di gocce di cioccolato al latte

Indicazioni

a) Preriscaldare il forno a 350°. Linea a 13x9 pollici. teglia con pergamena; carta oleata.

b) In una ciotola capiente, sbattere il composto per torta al cioccolato, il burro fuso e 1/3 di tazza di latte evaporato fino a quando non si sarà amalgamato; la pastella sarà densa. Riserva 1/4 di tazza di pastella per la guarnizione. Distribuire la pastella rimanente nella teglia preparata. Cuocere 6 minuti.

c) Nel frattempo, in un microonde, sciogliere i pezzetti di caramello e il restante 1/3 di tazza di latte evaporato; mescolare fino a che liscio. Cospargere la crosta di cioccolata calda con le gocce semidolci; versare sopra la miscela di caramello. Mettere da parte.

d) In un'altra ciotola capiente, sbattere il composto per torta gialla, l'uovo e 1/2 tazza di burro ammorbidito fino a quando non si saranno amalgamati; la pastella sarà densa. Riserva metà per la guarnizione. Sbriciolare il composto rimanente sullo strato di caramello. Cuocere 6 minuti.

e) In un microonde, sciogliere il latte condensato zuccherato, le gocce di cioccolato al latte e il restante 1 cucchiaio di burro ammorbidito; mescolare fino a che liscio.

f) Versare sopra lo strato di torta gialla. Cospargere con le pastelle per torta gialle e al cioccolato riservate. Cuocere fino a quando la parte superiore non sarà dorata, 20-25 minuti.

g) Raffreddare completamente su una griglia. Conservare in un contenitore ermetico.

23. Brownies al triplo fondente

Fa: 12

ingredienti

- 1 confezione (3,9 once) miscela di budino al cioccolato istantaneo
- 1 confezione di mix per torta al cioccolato (dimensione normale)
- 2 tazze di gocce di cioccolato semidolce
- zucchero
- Gelato alla vaniglia

Indicazioni

a) Preparare il budino secondo le indicazioni sulla confezione. Sbattere nel composto di torta secca. Unire le gocce di cioccolato.

b) Versare in un 15x10x1-in unto. teglia. Infornare a 350° fino a quando la superficie non risulterà leggermente toccata, 30-35 minuti.

c) Spolverizzate di zucchero

24. Brownies crema di formaggio

Fa: 12

ingredienti

- 1 Mix per torta al cioccolato in scatola da 18,25 once
- $\frac{1}{2}$ tazza di burro, fuso
- 2 uova, divise
- $\frac{1}{2}$ scatola di zucchero a velo
- 1 confezione da 8 once di formaggio cremoso, ammorbidito

Indicazioni
a) Preriscaldare il forno a 325°F. Imburrare e infarinare una tortiera. Mettere da parte.
b) Unisci il composto per torte, il burro e 1 uovo. Mescolare bene. Premere il composto nella teglia. Unire l'uovo rimasto con gli ultimi due ingredienti e spalmare sopra il composto per torte.
c) Cuocere per 28 minuti. Lasciar raffreddare completamente nella padella prima di tagliare a quadratini di brownie.

25. Brownies alle arachidi

Fa: 36

ingredienti

- 1 confezione da 18,25 once miscela di torta al cioccolato fondente
- ½ tazza di gocce di cioccolato fondente, macinate
- ½ tazza di burro
- 2 uova
- ¼ di tazza d'acqua
- 1 vasetto da 16 once pronto per spalmare la glassa alla vaniglia
- 1/3 tazza di burro di arachidi
- 2 tazze di zucchero a velo
- ¼ tazza di cacao
- 3 cucchiai d'acqua
- ¼ tazza di burro di arachidi
- ¼ tazza di burro
- 1 cucchiaino di vaniglia

Indicazioni
a) Preriscaldare il forno a 350°F. Spruzzare una padella da 13 "× 9" con uno spray da forno antiaderente contenente farina e mettere da parte.

b) In una ciotola capiente, unire il composto per torte, il cioccolato macinato, ½ tazza di burro di arachidi, le uova e l'acqua e mescolare fino a quando non saranno ben amalgamati. Sbattere per 40 colpi, quindi stendere nella padella preparata.
c) Cuocere per 26-31 minuti o fino a quando i brownies sono appena rappresi. Far raffreddare completamente su una griglia.
d) Nella stessa ciotola unire lo zucchero a velo e il cacao e mescolare bene. In una piccola ciotola adatta al microonde, unisci l'acqua, il burro di arachidi e il microonde alla massima potenza finché il burro non si scioglie, circa 1 minuto.
e) Versare nella miscela di zucchero a velo, aggiungere la vaniglia e sbattere fino a che liscio.
f) Versare immediatamente sopra il ripieno di burro di arachidi e spalmare delicatamente fino a coprire. Lasciar riposare fino a quando la glassa non sarà ben soda, quindi tagliare a barrette.

26. Morsi di Brownie

Fa: 24

ingredienti

- 1 Mix per torta al cioccolato vegano in scatola da 18,25 once
- 1 purea di zucca da 29 once
- 2 tazze di bocconcini di cioccolato vegan
- 1 tazza di noci tritate

Indicazioni
a) Preriscaldare il forno a 350°F.
b) Utilizzare uno sbattitore elettrico per unire il composto di torta e la zucca fino a quando non saranno completamente incorporati. Incorporate i bocconcini di cioccolato e le noci.
c) Versare a cucchiaiate su una teglia antiaderente. Cuocere per 10 minuti. Raffreddare su una gratella.

27. Bud Brownies con gocce di cioccolato

Fa: 12

ingredienti

- 1 confezione da 3,9 once budino alla vaniglia istantaneo più gli ingredienti richiesti sulla confezione
- 2 tazze di latte intero
- 1 miscela di torta al cioccolato in scatola da 18,25 once senza budino
- 2 tazze di gocce di cioccolato semidolce

Indicazioni
a) Preriscaldare il forno a 350°F.
b) Sbattere il budino e il latte per unire bene.
c) Aggiungere lentamente il composto per dolci al composto di budino. Incorporate le gocce di cioccolato.
d) Trasforma la pastella in una teglia per gelatina e inforna per 15-20 minuti.
e) Lasciar raffreddare leggermente prima di tagliare a fette.

28. Brownies alla nocciola

Per: 24 brownies

Ingredienti:
- 1 tazza di miscela per torta al cioccolato
- 2 CUCCHIAI di burro non salato
- 8 CUCCHIAI burro
- $1\frac{1}{2}$ tazza di zucchero di canna scuro, ben confezionato
- $\frac{1}{2}$ tazza di gocce di cioccolato al latte
- $\frac{1}{2}$ tazza di gocce di cioccolato semidolce
- $\frac{1}{2}$ tazza di nocciole tostate, tritate

Indicazioni
a) Riscalda il forno a 171°C (340°F). Rivestire leggermente una teglia da 9×13 pollici (23×33 cm) con uno spray da cucina antiaderente e mettere da parte.
b) A bagnomaria, a fuoco basso, fate sciogliere insieme il burro non salato e il burro. Una volta sciolto, togliere dal fuoco e mantecare con lo zucchero di canna. Versare la miscela di burro e zucchero nel composto per torte e mescolare per unire.
c) Aggiungere le gocce di cioccolato al latte, le gocce di cioccolato semidolce e le nocciole e sbattere per qualche secondo per distribuire velocemente.
d) Trasferire il composto nella teglia preparata e cuocere per 23-25 minuti o fino a quando la parte superiore non appare scura e asciutta. Raffreddare completamente nella padella prima di tagliare in 24 pezzi e spostarli su un piatto.

29. Brownies a basso contenuto di carboidrati

Fa: 12

ingredienti

- 3 uova, sbattute
- 12 cucchiaini di burro
- 3oncia cioccolato fondentemiscela di torta
- 3/4 C eritritolo

Indicazioni:

a) Preriscaldare il forno a 350°F.
b) Mescolare gli ingredienti secchi e mettere da parte.
c) Sciolto burro e cioccolato insieme per 30 secondi, unire all'uovo sbattuto e mescolare bene. Incorpora gli ingredienti secchi.
d) Versare l'impasto in una teglia 8x8 foderata di carta da forno. Cuocere per 20 minuti.

30. Brownies alla cavalletta

Fa: 12

ingredienti

- 1 mix di biscotti al cioccolato in scatola da 10 once
- 2 uova grandi
- 5 cucchiai di burro, sciolto
- Bocconcini di cioccolato biologico
- 3 cucchiai di aroma di menta piperita

Indicazioni

a) Preriscaldare il forno a 350°F. Imburrate e infarinate una tortiera da 8×8 pollici. Mettere da parte.
b) In una ciotola capiente, unire la miscela di biscotti, le uova, il burro, i bocconcini di cioccolato e l'aroma di menta piperita.
c) Utilizzare uno sbattitore elettrico a velocità media per unire gli ingredienti. Versare la pastella nella padella. Cuocere per 25 minuti.

31. Brownies alla menta

Fa: 18

ingredienti

Brownies

- 1 tazza (230 g) di burro non salato
- 2 once di cioccolato semidolce, tritato grossolanamente
- 1 tazza di miscela per torta al cioccolato

Strato di glassa alla menta
- 1/2 tazza (115 g) di burro non salato, ammorbidito a temperatura ambiente
- 2 tazze (240 g) di zucchero a velo
- 2 cucchiai (30 ml) di latte
- 1 e 1/4 cucchiaini di estratto di menta piperita
- 1 goccia di colorante alimentare verde liquido o in gel

Strato di cioccolato
- 1/2 tazza (115 g) di burro non salato
- 1 tazza colma (circa 200 g) di gocce di cioccolato semidolce

Indicazioni
Per i brownies:

a) Sciogliere il burro e il cioccolato tritato in una casseruola media a fuoco medio, mescolando continuamente, per circa 5 minuti.
b) Unire il composto per torte

Per lo strato di glassa alla menta:

c) Sbattere il burro a velocità media fino a renderlo liscio e cremoso, circa 2 minuti. Aggiungere lo zucchero a velo e il latte. Aggiungere l'estratto di menta piperita e il colorante alimentare e sbattere a fuoco alto per 1 minuto intero.
d) Glassa i brownies raffreddati che hai posizionato sulla teglia e riponi la teglia in frigorifero.

Per lo strato di cioccolato:
e) Sciogliere il burro e le gocce di cioccolato in una casseruola media a fuoco medio, mescolando continuamente, per circa 5 minuti.
f) Una volta sciolto e liscio, versate sopra lo strato di menta.
g) Stendere delicatamente con un coltello o una spatola offset. Freddo.
h) Una volta fredda, toglietela dal frigorifero e tagliatela a quadratini.

32. Brownies di patate dolci e caffè

Rendimento: 8

Ingredienti:

- 1/3 tazza di caffè caldo appena fatto
- 1 oncia di cioccolato non zuccherato, tritato
- 1/4 di tazza di olio di canola
- 2/3 tazza di purea di patate dolci
- 2 cucchiaini di puro estratto di vaniglia

Indicazioni:

a) Preriscaldare il forno a 350 gradi Fahrenheit.

b) In una ciotolina, unire il caffè e 1 oncia di cioccolato e lasciare da parte per 1 minuto.

c) In una ciotola capiente, unire l'olio, la purea di patate dolci, l'estratto di vaniglia, lo zucchero, il cacao in polvere e il sale. Mescolare fino a quando tutto è ben amalgamato.

d) Unire la farina e il lievito in una ciotola separata. Aggiungere le gocce di cioccolato e mescolare bene.

e) Usando una spatola, mescola delicatamente gli ingredienti secchi a quelli umidi fino a quando tutti gli ingredienti non sono amalgamati.

f) Versare l'impasto nella teglia e cuocere per 30-35 minuti, o fino a quando uno stuzzicadenti inserito al centro non esce pulito.

33. Brownies alla corteccia di menta piperita

Ingredienti:

- 20 once conf. mix di brownie fondente
- 12 once conf. gocce di cioccolato bianco
- 2 t. margarina
- 1-1/2 c. bastoncini di zucchero, schiacciati

Indicazioni

g) Preparare e cuocere il mix di brownie secondo le indicazioni sulla confezione, utilizzando una teglia unta 13"x9". A cottura ultimata, fate raffreddare completamente in teglia.

h) In una casseruola a fuoco molto basso fate sciogliere le gocce di cioccolato e la margarina, mescolando continuamente con una spatola di gomma. Spalmare la miscela sui brownies; cospargere di caramelle tritate.

i) Lasciar riposare per circa 30 minuti prima di tagliare a quadrotti. Fa 2 dozzine.

34. Barrette al burro di arachidi

INGREDIENTI

Ingredienti:

La crosta
- 1 tazza di farina di mandorle
- 1/4 tazza di burro, fuso
- 1/2 cucchiaino di cannella
- 1 cucchiaio di eritritolo
- Pizzico di sale

Il fondente
- 1/4 tazza di crema pesante
- 1/4 tazza di burro, fuso
- 1/2 tazza di burro di arachidi
- 1/4 di tazza di eritritolo
- 1/2 cucchiaino di estratto di vaniglia
- 1/8 cucchiaini di gomma xantana

I condimenti
- 1/3 tazza di cioccolato Lily, tritato

Indicazioni
a) Preriscaldare il forno a 400°F. Sciogliere 1/2 tazza di burro. Metà sarà per la crosta e metà per il fondente. Unire la farina di mandorle e metà del burro fuso.

b) Aggiungere l'eritritolo e la cannella, quindi mescolare. Se stai usando del burro non salato, aggiungi un pizzico di sale per far risaltare più sapori.

c) Amalgamate bene il tutto e mettete sul fondo di una teglia foderata con carta da forno. Cuocere la crostata per 10 minuti o fino a quando i bordi non saranno ben dorati. Sfornate e fate raffreddare.
d) Per il ripieno, unire tutti gli ingredienti del fondente in un piccolo frullatore o robot da cucina e frullare. Puoi anche usare uno sbattitore elettrico e una ciotola.
e) Assicurati di raschiare i lati e di far amalgamare bene tutti gli ingredienti.
f) Dopo che la crosta si è raffreddata, stendere delicatamente lo strato di fondente fino ai lati della teglia. Usa una spatola per uniformare la parte superiore nel miglior modo possibile.
g) Poco prima di raffreddare, completa le tue barrette con del cioccolato tritato. Questo può essere sotto forma di gocce di cioccolato senza zucchero, cioccolato fondente senza zucchero o semplicemente buon vecchio cioccolato fondente.
h) Conservare in frigorifero per una notte o congelare se lo si desidera al più presto.
i) Quando sarà fredda, togliete le barrette tirando fuori la carta da forno. Cu in 8-10 bar e servire! Queste barrette al burro di arachidi dovrebbero essere gustate fredde! Se li porti via, assicurati di portarli in una borsa termica per il pranzo per tenerli saldi.

35. Brownies alle zucchine preferiti

Ingredienti:

- 1/4 c. burro, sciolto
- 1 tazza di burro di arachidi
- 1 uovo, sbattuto
- 1 ton. estratto di vaniglia
- 1 c. Farina per tutti gli usi
- 1 ton. lievito in polvere
- 1/2 ton. bicarbonato di sodio
- 1 cucchiaio di acqua
- 1/2 ton. sale
- 2-1/2 T. di cacao da forno
- 1/2 sec. Noci tritate
- 3/4 c. zucchine, tagliate a dadini
- 1/2 sec. gocce di cioccolato semidolce

Indicazioni

a) In una ciotola capiente frullate tutti gli ingredienti tranne le gocce di cioccolato.
b) Stendere la pastella in una teglia unta 8"x8"; spolverizzare la pastella con gocce di cioccolato.
c) Infornate a 350 gradi per 35 minuti. Raffreddare prima di tagliare in barrette. Ne fa una dozzina.

36. Brownies al cioccolato al malto

Ingredienti:

- 12 once conf. gocce di cioccolato al latte
- 1/2 sec. burro ammorbidito
- 3/4 c. zucchero
- 1 ton. estratto di vaniglia
- 3 uova, sbattute
- 1-3/4 c. Farina per tutti gli usi
- 1/2 sec. latte maltato in polvere
- 1/2 ton. sale
- 1 c. palline di latte maltato, tritate grossolanamente

Indicazioni

a) Sciogliere le gocce di cioccolato e il burro in una casseruola a fuoco basso, mescolando spesso. Togliere dal fuoco; lasciare raffreddare leggermente.

b) Unire gli altri ingredienti eccetto le palline di latte maltato nell'ordine indicato.

c) Stendere la pastella in una teglia unta 13"x9". Cospargere con palline di latte maltato; infornare a 350 gradi per 30-35 minuti. Freddo. Tagliare a barrette. Fa 2 dozzine.

BISCOTTI AL CIOCCOLATO

37. Biscotti Pretzel e Caramello

Ne fanno circa 2 dozzine

ingredienti

- 1 confezione di mix per torta al cioccolato (dimensione normale)
- 1/2 tazza di burro, fuso
- 2 uova grandi, a temperatura ambiente
- 1 tazza di pretzel in miniatura rotti, divisi
- 1 tazza di gocce di cioccolato semidolce
- 2 cucchiai di topping al caramello salato

Indicazioni

a) Preriscaldare il forno a 350°. Unire il composto per torte Burro fuso e uova; sbattere fino a quando non si sarà amalgamato. Aggiungi 1/2 tazza di pretzel, gocce di cioccolato e topping al caramello.

b) Far cadere a cucchiai rotondi a 2 pollici di distanza su teglie unte. Appiattire leggermente con il fondo di un bicchiere; premere i salatini rimanenti sopra ciascuno. Cuocere 8-10 minuti o fino a quando non si sarà rappresa.

c) Raffreddare in padella per 2 minuti. Sfornare su una gratella a raffreddare completamente.

38. Biscotto Buckeye

Per 12 porzioni

ingredienti

- 1 confezione di mix per torta al cioccolato (dimensione normale)
- 2 uova grandi, a temperatura ambiente
- 1/2 tazza di olio d'oliva
- 1 tazza di gocce di cioccolato semidolce
- 1 tazza di burro di arachidi cremoso
- 1/2 tazza di zucchero a velo

Indicazioni

a) Preriscaldare il forno a 350°.

b) In una ciotola capiente, unire il composto per dolci, le uova e l'olio fino ad ottenere un composto omogeneo. Unire le gocce di cioccolato. Premere metà dell'impasto in un 10 pollici. ghisa o un'altra padella antiaderente.

c) Unire il Burro di arachidi e lo zucchero a velo; spalmare sull'impasto in padella.

d) Premere l'impasto rimanente tra i fogli di pergamena in un 10 pollici. cerchio; luogo di riempimento eccessivo.

e) Cuocere fino a quando uno stuzzicadenti inserito al centro esce con le briciole umide, 20-25 minuti.

39. Torta di biscotti misti

Per: 54 porzioni

Ingrediente

- 1 confezione di mix di torta al cioccolato tedesco; budino incluso
- 1 tazza di gocce di cioccolato semidolce
- $\frac{1}{2}$ tazza di fiocchi d'avena
- $\frac{1}{2}$ tazza di uvetta
- $\frac{1}{2}$ tazza di olio d'oliva
- 2 uova; leggermente battuto

Indicazioni

a) Scaldare il forno a 350 gradi.

b) In una ciotola capiente, unire tutti gli ingredienti; amalgamare bene. Far cadere l'impasto a cucchiaini da tè arrotondati a due pollici di distanza su fogli di biscotti non unti.

c) Infornate a 350 gradi per 8-10 minuti o fino a quando non saranno ben rappresi. Raffreddare 1 minuto; rimuovere dalle teglie.

40. Biscotti Devil Crunch

Per: 60 BISCOTTI

ingredienti

- 1 Mix per torta al cioccolato da 18,25 once
- $\frac{1}{2}$ tazza di olio d'oliva
- 2 uova, leggermente sbattute
- $\frac{1}{2}$ tazza di noci pecan tritate
- 5 tavolette di cioccolato al latte regolari, divise in quadrati
- $\frac{1}{2}$ tazza di cocco in scaglie zuccherato

Indicazioni
a) Preriscaldare il forno a 350°F.
b) In una ciotola unire il composto per torte, l'olio e le uova e mescolare completamente. Piegare delicatamente le noci pecan nella pastella.
c) Versare la pastella a cucchiaiate su fogli di biscotti non unti. Cuocere per 10 minuti. Sfornare quando i biscotti sono ben rappresi ma ancora un po' morbidi al centro.
d) Metti un quadrato di cioccolato al latte su ogni biscotto. Quando si scioglie, spalmare per creare una copertura di cioccolato sulla superficie del biscotto.
e) Trasferite subito i biscotti su una gratella e fateli raffreddare completamente.

41. Biscotti alle noci pecan

Per: 24 BISCOTTI

ingredienti

- 1 tazza di mix di torta di noci pecan al burro
- 1 tazza di miscela per torta al cioccolato
- 2 uova, leggermente sbattute
- ½ tazza di olio d'oliva
- 2 cucchiai d'acqua

Indicazioni
a) Preriscaldare il forno a 350°F.
b) Unire gli ingredienti e mescolare per formare una pastella omogenea.
c) Far cadere a cucchiaiate su una teglia non unta. Cuocere per 15 minuti o fino a doratura e fare rassodare.
d) Lasciar raffreddare su una teglia per 5 minuti. Togliere su una gratella a raffreddare completamente.

42. Brownies alla panna

Fare; 48 COOKIE

ingredienti

- 1 mix di torta al cioccolato in scatola da 18 once
- 1 cucchiaio di cacao in polvere
- 1 uovo
- 1 tazza di noci pecan, tritate
- ¼ tazza di zucchero
- 4 once di condimento montato

Indicazioni
a) Preriscaldare il forno a 350°F.
b) Unire il composto per torte, il cacao in polvere e l'uovo e mescolare bene. Piegare delicatamente le noci pecan nell'impasto.
c) Ricoprite le mani con lo zucchero, poi formate delle palline di impasto. Ricoprire le palline di biscotti con lo zucchero.
d) Mettere su una teglia, lasciando 2 pollici tra i biscotti.
e) Cuocere 12 minuti o fino a quando non si sarà rappresa. Sfornare e trasferire su una gratella a raffreddare. Ricoprire con la panna montata.

43. Biscotti Sandwich Mix Per Torta

Fa: 10

ingredienti

- 1 Mix per torta al cioccolato in scatola da 18,25 once
- 1 uovo, temperatura ambiente
- ½ tazza di burro
- 1 vasetto di glassa alla vaniglia da 12 once

Indicazioni
a) Preriscaldare il forno a 350°F.
b) Rivestire una teglia con uno strato di carta da forno. Mettere da parte.
c) In una ciotola capiente, unire il composto per dolci, l'uovo e il burro. Usate le fruste elettriche per creare un impasto liscio e uniforme.
d) Arrotolare l'impasto dei biscotti in palline da 1"e metterle su una teglia. Premere ogni pallina con un cucchiaio per appiattirla. Cuocere per 10 minuti.
e) Lasciare raffreddare completamente i biscotti prima di inserire uno strato di glassa tra due biscotti.

44. Biscotti Muesli E Cioccolato

Per: 36 COOKIE

ingredienti

- 1 Mix per torta al cioccolato da 18,25 once
- ¾ tazza di burro ammorbidito
- ½ tazza di zucchero di canna confezionato
- 2 uova
- 1 tazza di muesli
- 1 tazza di gocce di cioccolato bianco
- 1 tazza di ciliegie essiccate

Indicazioni
a) Preriscaldare il forno a 375°F.
b) In una ciotola capiente, unire il composto per dolci, il burro, lo zucchero di canna e le uova e sbattere fino ad ottenere una pastella.
c) Unire la granola e le gocce di cioccolato bianco. Lascia cadere a cucchiaini da tè a circa 2 pollici di distanza su fogli di biscotti non unti.
d) Cuocere per 10-12 minuti o fino a quando i biscotti non saranno leggermente dorati sui bordi.
e) Raffreddare su teglie per 3 minuti, quindi rimuovere su una griglia.

45. Biscotti di zucchero

Per: 48 BISCOTTI

ingredienti

- 1 Preparato per torta al cioccolato bianco da 18,25 once
- ¾ tazza di burro
- 2 albumi d'uovo
- 2 cucchiai di panna

Indicazioni

a) Mettere il composto per torte in una ciotola capiente. Usando un frullatore o due forchette, incidere il burro fino a quando le particelle non saranno fini.
b) Unire gli albumi e la panna fino ad ottenere un composto omogeneo. Formate una palla con l'impasto e coprite.
c) Far raffreddare per almeno due ore e fino a 8 ore in frigorifero.
d) Preriscaldare il forno a 375°F.
e) Arrotolare l'impasto in palline da 1 "e metterle su fogli di biscotti non unti. Appiattire a uno spessore di ¼" con il fondo di un bicchiere.
f) Cuocere per 7-10 minuti o fino a quando i bordi dei biscotti non saranno leggermente marroni.
g) Far raffreddare su una teglia per 2 minuti, quindi togliere su una gratella a raffreddare completamente.

46. Biscotti tedeschi

Per: 4 dozzine di biscotti

ingredienti

- 1 Scatola da 18,25 once Miscela di torta al cioccolato tedesca
- 1 tazza di gocce di cioccolato semidolce
- 1 tazza di farina d'avena
- ½ tazza di olio d'oliva
- 2 uova, leggermente sbattute
- ½ tazza di uvetta
- 1 cucchiaino di vaniglia

Indicazioni

a) Preriscaldare il forno a 350°F.
b) Unire tutti gli ingredienti. Amalgamate bene con le fruste elettriche impostate a bassa velocità. Se si formano delle briciole farinose, aggiungere un filo d'acqua.
c) Far cadere l'impasto a cucchiai su una teglia non unta.
d) Cuocere per 10 minuti.
e) Raffreddare completamente prima di sollevare i biscotti dalla carta e su un piatto da portata.

47. Gelato Di Soia Al Cioccolato

Rende: 1-1/4 quarti

Ingrediente

- 3/4 di tazza di zucchero di canna evaporato
- 1/3 tazza di cacao da forno non zuccherato, setacciato
- 1 cucchiaio di amido di tapioca
- 2-1/2 tazze di latte di soia o di canapa (intero)
- 2 cucchiaini di olio di cocco
- 2 cucchiaini di estratto di vaniglia

Indicazioni

a) In una grande casseruola, unire lo zucchero, il cacao e l'amido di tapioca e sbattere finché il cacao e l'amido non sono incorporati nello zucchero. Versare il latte, sbattere per incorporare. A fuoco medio, portare il composto a bollore, sbattendo spesso.

b) Una volta raggiunta l'ebollizione, abbassare la fiamma a medio-bassa e mescolare continuamente finché il composto non si addensa e ricopri il dorso di un cucchiaio, per circa 5 minuti. Togliere dal fuoco, aggiungere l'olio di cocco e la vaniglia e frullare per unire.

c) Trasferite il composto in una ciotola resistente al calore e lasciate raffreddare completamente.

d) Versare il composto nella ciotola di una gelatiera da 1-1/2 o 2 quarti e lavorare secondo le istruzioni del produttore. Conservare in un contenitore ermetico in congelatore per almeno 2 ore prima di assemblare i panini.

e) Lascia che il gelato si ammorbidisca leggermente in modo che sia facile da scoop. Disporre metà dei biscotti, dal basso verso l'alto, su una superficie pulita. Versa una generosa pallina di gelato, circa 1/3 di tazza, sulla parte superiore di ogni biscotto. Ricoprire il gelato con i biscotti rimanenti, con il fondo dei biscotti che tocca il gelato.

f) Premere delicatamente sui biscotti per livellarli. Avvolgere ogni panino in pellicola trasparente o carta oleata e riporre in congelatore per almeno 30 minuti prima di servire.

48. Panini Al Doppio Cioccolato

Per: da 12 a 16 panini

Ingrediente

- 1 tazza di farina per tutti gli usi non sbiancata
- 1/2 tazza di cacao da forno non zuccherato, setacciato
- 1/2 cucchiaino di bicarbonato di sodio
- 1/4 di cucchiaino di sale
- 1/4 di tazza di gocce di cioccolato non caseario, sciolte
- 1/2 tazza di margarina non casearia, ammorbidita
- 1 tazza di zucchero di canna evaporato
- 1 cucchiaino di estratto di vaniglia

Indicazioni

a) Preriscaldare il forno a 325°F. Foderate due teglie con carta da forno.
b) In una ciotola media, unire la farina, il cacao in polvere, il bicarbonato e il sale. In una ciotola capiente, con uno sbattitore elettrico, montare le gocce di cioccolato fuso, la margarina, lo zucchero e la vaniglia fino ad ottenere un composto ben amalgamato. Aggiungere gli ingredienti secchi a quelli umidi in lotti fino a quando non saranno completamente incorporati.
c) Raccogli piccole palline di pasta, delle dimensioni di una grande biglia (circa 2 cucchiaini) sulle teglie preparate a circa 2 pollici di distanza l'una dall'altra. Ungere leggermente il dorso di un cucchiaio e premere delicatamente e uniformemente su ciascun biscotto fino a quando non è appiattito e misura circa 1-1/2 pollici di

larghezza. Cuocere per 12 minuti, o fino a quando i bordi non si saranno rassodati. Se stai cuocendo entrambe le teglie contemporaneamente, ruotale a metà.

d) Dopo aver tolto dal forno, lasciate raffreddare i biscotti sulla teglia per 5 minuti, quindi trasferiteli su una griglia. Lascia raffreddare completamente i biscotti. Conservare in un contenitore ermetico

49. Panino gelato al cioccolato e cocco

Rende: 1 litro

Ingrediente

- 3/4 di tazza di zucchero di canna evaporato
- 1/3 tazza di cacao da forno non zuccherato, setacciato
- 1 lattina (13,5 once) di latte di cocco intero (non leggero)
- 1 tazza di latte non caseario
- 1 cucchiaino di estratto di vaniglia

Indicazioni

a) In una casseruola capiente, unire lo zucchero e il cacao e sbattere fino a quando il cacao non sarà incorporato nello zucchero. Versare il latte di cocco e l'altro latte non caseario, sbattere per incorporare. A fuoco medio, portare il composto a bollore, sbattendo spesso. Quando raggiunge il bollore, abbassate la fiamma a medio-bassa e mescolate continuamente fino a quando lo zucchero non si sarà sciolto, circa 5 minuti. Togliere dal fuoco e aggiungere la vaniglia, sbattendo per amalgamare.
b) Trasferite il composto in una ciotola resistente al calore e lasciate raffreddare completamente.
c) Versare il composto nella ciotola di una gelatiera da 1-1/2 o 2 quarti e lavorare secondo le istruzioni del produttore. Conservare in un contenitore ermetico in congelatore per almeno 2 ore prima di assemblare i panini.
d) Lascia che il gelato si ammorbidisca leggermente in modo che sia facile da scoop. Disporre metà dei biscotti, dal basso verso l'alto, su una superficie pulita. Versa una generosa pallina di gelato, circa 1/3 di tazza, sulla parte superiore di ogni biscotto. Ricoprire il gelato con i

biscotti rimanenti, con il fondo dei biscotti che tocca il gelato.
e) Premere delicatamente sui biscotti per livellarli. Avvolgere ogni panino in pellicola trasparente o carta oleata e riporre in congelatore per almeno 30 minuti prima di servire.

50. Banane al cioccolato congelate

Ingrediente

- 4 banane piccole, sode ma mature
- 6 once cioccolato al latte, tagliato a pezzetti
- 6 cucchiai di panna
- 4 cucchiai di succo d'arancia

Indicazioni

a) Congelare le banane con la buccia per circa 2 ore.

b) Sciogliere il cioccolato in un pentolino con la panna e il succo d'arancia, mescolando di tanto in tanto fino a quando non sarà sciolto e liscio. Versate in una ciotola fredda e lasciate riposare finché non inizia ad addensarsi e raffreddarsi. Non lasciare che si raffreddi troppo altrimenti non si ricoprirà facilmente.

c) Togliete le banane dal congelatore e privatele accuratamente della buccia. Immergi ogni banana nel cioccolato per ricoprirla bene, quindi rimuovila usando uno o due lunghi spiedini di legno. Tieni la banana sopra la ciotola mentre il cioccolato in eccesso gocciola. Quindi adagiamo la banana su carta da forno finché il cioccolato non si rapprende. Tagliare in 2 o 3 pezzi e rimettere in congelatore fino al momento di servire.

d) Inserisci un bastoncino di ghiacciolo in ogni pezzo per servire, se lo desideri.

e) Queste banane non si conservano bene e dovrebbero essere mangiate il giorno in cui vengono fatte.

51. Panino biscotto gelato

Ingrediente

- 12 biscotti al cioccolato
- 2 tazze di gelato alla vaniglia (o altro gusto), ammorbidito

Indicazioni

a) Metti i biscotti su una teglia nel congelatore.

b) Distribuire il gelato ammorbidito in una padella o un contenitore piatto a uno spessore di circa 1/2 pollice e ricongelare. Quando è di nuovo sodo, ma non duro, taglia 6 cerchi di gelato per adattarli ai biscotti. Trasferite con cura il gelato dalla teglia su 6 biscotti.

c) Completare con un secondo biscotto. Premere per sigillare bene e congelare fino al momento di mangiare. Se ben congelati, toglieteli dal congelatore 10-15 minuti prima di mangiarli altrimenti risulteranno molto duri.

d) Mangia entro un paio di giorni.

BISCOTTI E MUFFIN AL CIOCCOLATO

52. Cupcakes al limone

Fa 2 dozzine

ingredienti

- 1 confezione di mix per torta al cioccolato bianco
- 1/4 tazza di crema al limone
- 3 cucchiai di succo di limone
- 3 cucchiaini di scorza di limone grattugiata
- 1/2 tazza di burro, ammorbidito
- 3-1/2 tazze di zucchero a velo
- 1/4 tazza di marmellata di fragole senza semi
- 2 cucchiai 2% di latte

Indicazioni

a) Foderate 24 pirottini da muffin con dei pirottini di carta.

b) Preparare la pastella per torte secondo le indicazioni sulla confezione, diminuendo l'acqua di 4 cucchiai e aggiungendo la cagliata di limone, il succo di limone, la scorza di limone, prima di mescolare la pastella.

c) Riempi le tazze preparate per circa due terzi.

d) Sfornare e raffreddare i cupcakes come indicato.

e) In una ciotola capiente, sbattere il burro, lo zucchero a velo, la marmellata e il latte fino ad ottenere un composto liscio. Cupcakes raffreddati al gelo.

53. Cupcakes al cioccolato e caramello

Fa 2 dozzine

ingredienti

- 1 confezione di mix per torta al cioccolato
- 3 cucchiai di burro
- 24 caramelle
- 3/4 di gocce di cioccolato semidolce
- 1 tazza di noci tritate
- Noci aggiuntive

Indicazioni

a) Preparare la pastella per torta secondo le indicazioni sulla confezione per i cupcakes usando il burro.

b) Riempi per un terzo 24 pirottini per muffin foderati di carta; mettere da parte la pastella rimanente. Infornate a 350° per 7-8 minuti o fino a quando la parte superiore del cupcake non appare rappresa.

c) Premere delicatamente un caramello in ogni cupcake; spolverizzare con gocce di cioccolato e noci. Ricoprire con la pastella rimanente.

d) Cuocere per 15-20 minuti in più o fino a quando uno stuzzicadenti non esce pulito.

e) Raffreddare per 5 minuti prima di rimuovere dalle teglie su una griglia per raffreddare completamente.

54. Cupcakes alla torta di fango

Fa: 24

ingredienti

- 1 Mix di torta al cioccolato in scatola da 18,25 once più gli ingredienti richiesti sulla scatola
- 3 cucchiai di burro
- 1 glassa al cioccolato da 16 once
- 2 tazze di biscotti al cioccolato sbriciolati
- Sciroppo di cioccolato per guarnire
- 1 verme gommoso da 8 once

Indicazioni

a) Preparare e cuocere i cupcakes secondo le istruzioni del preparato per torte.
b) Lascia raffreddare completamente i cupcakes prima di glassarli.
c) Ricoprite la glassa con i crumble di biscotti e irrorate con lo sciroppo di cioccolato.
d) Taglia a metà i vermi gommosi. Metti ogni bordo tagliato nella glassa per creare l'illusione di un verme che striscia nel fango.

55. Muffins Di Zucca Mix Per Torta

Fa: 24

ingredienti

- 1 purea di zucca da 29 once
- 1 mix di torta al cioccolato in scatola da 16,4 once
- 3 cucchiai di olio

Indicazioni
a) Preriscaldare il forno secondo le istruzioni per la preparazione della torta usando l'olio.
b) Foderate gli stampini per muffin con dei pirottini di carta.
c) Frullare la purea di zucca in un composto per torte. Versare negli stampini per muffin.
d) Cuocere secondo le istruzioni del preparato per muffin.

56. Mix per torte Praline Cupcakes

Per: 24 cupcakes

ingredienti

- 1 Mix per torta al cioccolato in scatola da 18,25 once
- 1 tazza di latticello
- ¼ tazza di olio d'oliva
- 4 uova
- Copertura per gelato al caramello
- Pecan tritati per guarnire
- 72 praline

Indicazioni

a) Preriscaldare il forno a 350°F. Foderate uno stampo da muffin con dei pirottini di carta.
b) In una ciotola capiente unire il composto per torte, il latticello, l'olio e le uova e sbattere con le fruste elettriche a bassa velocità fino ad ottenere una pastella liscia. Riempire i pirottini a metà.
c) Cuocere per 15 minuti o fino a quando le parti superiori saranno dorate. Sfornare i cupcakes e lasciarli raffreddare completamente prima di aggiungere la farcitura.
d) Top cupcakes con topping al caramello; cospargere di noci pecan e guarnire con 3 praline per cupcake.

57. Cupcake Piña Colada

Per: 24 cupcakes

ingredienti

- 1 Mix per torta al cioccolato bianco da 18,25 once
- 1 mix istantaneo di budino alla vaniglia francese in scatola da 3,9 once
- $\frac{1}{4}$ tazza di olio d'oliva
- $\frac{1}{2}$ tazza d'acqua
- 2/3 di tazza di rum leggero, diviso
- 4 uova
- 1 lattina da 14 once più 1 tazza di ananas schiacciato
- 1 tazza di cocco in scaglie zuccherato
- 1 vasetto di glassa alla vaniglia da 16 once
- 1 guarnizione montata senza lattosio da 12 once
- Cocco tostato per guarnire
- Ombrelloni da cocktail

Indicazioni
a) Preriscaldare il forno a 350°F.

b) Mescolare la miscela per torta, la miscela per budino, l'olio, l'acqua e 1/3 di tazza di rum usando uno sbattitore elettrico a velocità media. Aggiungere le uova una alla volta, sbattendo lentamente la pastella.
c) Piegare la lattina di ananas e cocco. Versare nelle teglie e cuocere per 25 minuti.
d) Per preparare la glassa, mescola 1 tazza di ananas schiacciato, 1/3 di tazza di rum rimanente e la glassa alla vaniglia fino a ottenere una crema densa.
e) Aggiungere la guarnizione montata non casearia.
f) Glassare i cupcakes completamente raffreddati e guarnire con cocco tostato e un parasole.

58. Mini cake alla ciliegia

Fa: 24

ingredienti

- 2 uova
- 1 cucchiaino di vaniglia
- 1 Mix per torta al cioccolato bianco da 18,25 once
- 1 $\frac{1}{4}$ tazze di cola al gusto di ciliegia
- 1 glassa pronta da 12 once a tua scelta

Indicazioni
a) Preriscaldare il forno a 350°F.
b) Foderate uno stampo da muffin con dei pirottini di carta. Spruzzare leggermente con spray da cucina.
c) Unisci le uova, la vaniglia, il composto per torte e la cola alla ciliegia in una ciotola e mescola bene usando uno sbattitore elettrico.
d) Cuocere per 20 minuti.
e) Cupcakes assolutamente fantastici

59. cupcake Red Velvet

Per: 24 cupcakes

ingredienti

- 2 albumi d'uovo
- 2 tazze di mix per torta di velluto rosso
- 1 tazza di miscela per torta al cioccolato
- 1 bustina di gocce di cioccolato da 12 once
- 1 bibita gassata al limone e lime lattina da 12 once
- 1 vasetto da 12 once glassa di panna acida pronta da spalmare

Indicazioni

a) Preriscaldare il forno a 350°F. Foderate uno stampo da muffin con dei pirottini di carta.
b) Unisci gli albumi, entrambi i preparati per torte, le gocce di cioccolato e la soda in una grande ciotola. Mescolare bene fino a formare una pastella liscia. Versare la pastella in pirottini.
c) Cuocere per 20 minuti.
d) Lascia raffreddare i cupcakes prima di glassarli.

60. Cupcakes alla torta di mele

Fa: 24

ingredienti

- 1 Preparato per torta al cioccolato bianco da 18,25 once
- $\frac{1}{4}$ di tazza d'acqua
- $\frac{1}{4}$ tazza di olio di cocco
- 1 uovo
- 2 cucchiai di miscela di spezie per torta di zucca preparata
- 1 ripieno di torta di mele da 15 once
- 1 glassa al formaggio cremoso da 12 once

Indicazioni

a) Preriscaldare il forno a 350°F. Foderate uno stampo da muffin con dei pirottini di carta.
b) Mescolare il composto per torte, l'acqua, l'olio di cocco, l'uovo e il mix di spezie con uno sbattitore elettrico fino ad ottenere una pastella liscia.
c) Piegare il ripieno della torta. Riempire i pirottini a metà. Cuocere per 23 minuti.
d) Lasciar raffreddare i cupcakes su una griglia prima di glassarli.

61. Cupcakes al topo

Per: 24 cupcakes

ingredienti

- 1 Mix di torta al cioccolato in scatola da 18,25 once più gli ingredienti richiesti sulla scatola
- 1/2 tazza di olio
- 24 piccoli biscotti rotondi al cioccolato e menta, dimezzati
- 1 cioccolatini rotondi ricoperti di caramelle da 12,6 once
- Fili sottili di liquirizia nera
- 24 palline di gelato al cioccolato

Indicazioni
a) Preriscaldare il forno a 375°F. Foderate uno stampo da muffin con dei pirottini di carta.
b) Preparare la pastella e cuocere secondo le istruzioni per la miscela di torte per cupcakes con olio d'oliva.
c) Sfornare i cupcakes e lasciarli raffreddare completamente.
d) Rimuovere i cupcakes dai pirottini di carta.
e) Usando biscotti rotondi tagliati a metà per le orecchie, caramelle per occhi e naso e liquirizia per i baffi, decorare i cupcakes in modo che assomiglino ai topi. Mettere su una teglia e congelare.

62. Muffin al cioccolato Kirsch

Guadagni: 6-8

Ingredienti:

- 1/2 cucchiaino di bicarbonato di sodio
- 1/2 tazza di burro
- ½ tazza di cioccolato fondente tagliato grossolanamente
- 3/4 tazza di zucchero di canna
- 1/4 tazza di cacao in polvere non zuccherato
- 3/4 tazza di latte
- 1 1/4 tazze di farina autolievitante
- 2 uova
- 15 once di amarene sciroppate
- 1 cucchiaio di cacao
- 1 cucchiaino extra di zucchero a velo

Indicazioni

a) Impostare il forno a 350 ° F. Preparare una teglia da muffin a 12 fori con i pirottini. Montare il burro e lo zucchero insieme, aggiungendo un solo uovo alla volta.
b) Prendete il bicarbonato, il cacao e la farina e setacciateli insieme al composto di burro di prima.
c) Completare unendo con il latte, il cioccolato e il composto di burro di prima.
d) Terminate unendo con il latte, il cioccolato e 25 minuti. Un segno che i cupcakes sono pronti è fare la prova dello stecchino pulito.
e) Una volta cotta, toglietela dal fuoco e fatela raffreddare mentre si prepara la glassa. Glassa e goditela!

63. Muffin alla carota

Rendimento: 10-12

Ingredienti:

- 1¾ tazze di farina
- 1 cucchiaino di sale
- 1 cucchiaino di cannella
- 1 cucchiaino di zenzero macinato
- ½ cucchiaino di noce moscata grattugiata
- ¼ cucchiaino di bicarbonato di sodio
- ⅛ cucchiaino di lievito in polvere
- 1 tazza di sciroppo d'acero
- ½ tazza di olio di cocco solido sciolto
- ½ tazza di latte
- 1 cucchiaio di succo di limone fresco
- 1 cucchiaino di estratto di vaniglia
- 2 tazze di carote grattugiate
- ½ tazza di ananas schiacciato, sgocciolato
- ½ tazza di uvetta, cocco e noci pecan

Indicazioni

a) Preriscaldare il forno a 350°F. Foderate due stampini per muffin da 12 tazze con carta da muffin o imburrate e infarinate gli stampini.

b) In una ciotola capiente, unire la farina, il sale, la cannella, lo zenzero, la noce moscata, il bicarbonato e il lievito.

c) In una ciotola separata, unire lo sciroppo d'acero, l'olio di cocco, il latte, il succo di limone e la vaniglia.

d) Unisci sia gli ingredienti umidi che quelli secchi, quindi piegalo delicatamente fino a quando non è appena amalgamato
e) Unite le carote, l'ananas, l'uvetta, il cocco e le noci pecan.
f) Riempite per due terzi gli stampini per muffin preparati. Lasciate cuocere la torta per circa 25 minuti.
g) Fateli raffreddare un po' prima di servirli.

64. Cupcakes al rum e uvetta

Ingredienti:

Uvetta al rum
- $\frac{1}{4}$ tazza di rum scuro
- $\frac{1}{2}$ tazza di uvetta dorata

Cupcakes
- 1 tazza di farina per tutti gli usi
- $1\frac{1}{4}$ cucchiaini di lievito in polvere
- $\frac{1}{4}$ cucchiaino di cannella in polvere
- $\frac{1}{8}$ cucchiaino di pimento macinato
- $\frac{1}{8}$ cucchiaino di noce moscata appena grattugiata
- $\frac{1}{2}$ tazza di burro, leggermente ammorbidito
- 2 cucchiai di burro non salato, leggermente ammorbidito
- $\frac{3}{4}$ tazza di zucchero di canna chiaro
- 3 uova grandi
- 1 cucchiaio di puro estratto di vaniglia
- $\frac{1}{4}$ cucchiaino di estratto di rum puro

Glassa Di Crema Dolce
- $\frac{1}{4}$ tazza di burro non salato
- $\frac{1}{2}$ tazza di panna
- 2 tazze di zucchero a velo, setacciato
- $\frac{1}{8}$ cucchiaino di sale

Indicazioni
a) Preparare l'uvetta al rum: in un pentolino scaldare il rum a fuoco basso.
b) Unire l'uvetta e metterla fuori dal fuoco.
c) Mettere il composto in una ciotola, quindi coprire con un involucro e lasciare riposare a temperatura ambiente per almeno 6 ore o tutta la notte.
d) Preparate i cupcakes: Portate la temperatura del vostro forno a 180 gradi

e) Metti i pirottini di carta nello stampo per muffin. In una ciotola media, mescolare insieme la farina, il lievito, la cannella, il pimento e la noce moscata.
f) Mettere da parte. In una ciotola capiente con le fruste elettriche, sbatti insieme il burro, il burro normale e lo zucchero di canna a velocità medio-alta fino a quando non diventa chiaro e simile a una nuvola, aggiungi gradualmente le uova, sbattendo bene dopo ogni aggiunta.
g) Sbattere gli estratti di vaniglia e rum. Ridurre la velocità del mixer al minimo, aggiungere la miscela di farina e mescolare fino a quando non sarà ben amalgamata.
h) Incorporate l'uvetta al rum e l'eventuale liquido rimanente. Raccogliete la pastella per cupcake nella teglia.
i) Cuocere per circa 20-25 minuti, o fino a quando non saranno ben dorati e uno stuzzicadenti inserito al centro di un cupcake esce pulito.
j) Lasciate raffreddare nello stampo per 5 minuti, quindi trasferite su una gratella a raffreddare completamente. I cupcakes senza glassa possono essere conservati per un massimo di 3 mesi.
k) Preparare la glassa alla crema dolce:
l) In una ciotola media con le fruste elettriche sbattere il burro a velocità media fino ad ottenere una crema.
m) Abbassare la velocità a media e aggiungere la panna e 1 tazza di zucchero a velo; sbattere fino a quando non sono ben amalgamati. Aggiungere lentamente la restante 1 tazza di zucchero e sale.
n) Metti la glassa in una sac à poche con la punta a tua scelta e glassa i cupcakes, o semplicemente glassa con un coltello da burro o una piccola spatola sfalsata.

o) Conserva i cupcakes glassati in un contenitore ermetico in frigorifero per un massimo di 1 settimana.

65. Cupcakes al cioccolato caldo

Rendimento: 2-4

Ingredienti:

- $\frac{1}{2}$ tazza di farina per tutti gli usi
- 1 cucchiaino di lievito per dolci
- Pizzico di sale
- 1/3 tazza di cacao
- $\frac{1}{2}$-1 t di fiocchi di peperoncino piccante
- 2 cucchiai di olio
- $\frac{1}{2}$ tazza di latte scarsa
- $\frac{1}{2}$ cucchiaino di vaniglia
- $\frac{1}{4}$ cucchiaino di aceto di mele
- $\frac{1}{4}$ tazza di zucchero

Indicazioni

a) Preriscaldare il forno a 365°. Unire la farina, il lievito, il sale e lo zucchero. Frusta! Aggiungere gli ingredienti umidi e frullare fino a quando non sarà completamente liscio.
b) Riempi 4-5 fodere per cupcake per 2/3.
c) Cuocete per 20 minuti o fino a quando uno stecchino non esce pulito.
d) Lasciar raffreddare completamente prima di glassare.

66. Muffin Crumble Di Banana

Guadagno: 8-10

ingredienti

- 1 ½ tazza di farina
- 1/3 di tazza di burro
- 3 banane schiacciate
- 3/4 tazza di zucchero di canna
- 1/3 di tazza di zucchero di canna confezionato
- 1 cucchiaino di bicarbonato di sodio
- 1 cucchiaino di lievito in polvere
- 1/2 cucchiaino di sale da cucina
- 1 uovo
- 2 cucchiai di farina
- 1 cucchiaio di burro
- 1/8 cucchiaini di cannella in polvere

Indicazioni:

a) Porta il calore del tuo forno a 350 gradi. e imburrare leggermente una teglia da muffin da 10 tazze. Prendi una ciotola capiente e mescola 1,5 tazze di farina, bicarbonato di sodio, lievito e sale.

b) In una ciotola separata, mescola le banane schiacciate, l'uovo, lo zucchero di canna e 1/3 di tazza di burro fuso.

c) Mescolare questa miscela nella prima miscela fino a quando non sarà appena amalgamata. Distribuire questa pastella in modo uniforme negli stampini per muffin unti o imburrati.

d) In un'altra ciotola, unire lo zucchero di canna, la cannella e 2 cucchiai di farina. Tagliare in 1 cucchiaio di burro.

e) Cospargere questo composto sulla pastella per muffin nelle teglie. Cuocere 18 - 20 minuti; fate raffreddare su una griglia e buon appetito.

67. Muffin al limone e cocco

Guadagno: 8-10

Ingredienti:

- 1 1/4 tazza di farina di mandorle
- 1 tazza di cocco grattugiato non zuccherato
- 2 cucchiai di farina di cocco
- 1/2 cucchiaino di bicarbonato di sodio
- 1/2 cucchiaino di lievito in polvere
- 1/4 cucchiaino di sale
- 1/4 tazza di miele (crudo)
- Succo e scorza di 1 limone
- 1/4 tazza di latte di cocco intero
- 3 uova, sbattute
- 3 cucchiai di olio di cocco
- 1 cucchiaino di estratto di vaniglia

Indicazioni:

a) Porta il calore del tuo forno a 350 gradi. In una piccola ciotola, mescolare tutti gli ingredienti umidi. In una ciotola media, unire tutti gli ingredienti secchi. Ora versa gli ingredienti umidi nella ciotola degli ingredienti secchi e mescola in una pastella.
b) Lascia riposare la pastella per qualche minuto, quindi mescola di nuovo. Ora ungete uno stampo da muffin e riempitelo per circa due terzi. Inforniamo e cuociamo per circa 20 minuti.
c) Verificate la cottura del muffin inserendo uno stuzzicadenti al centro e se esce pulito significa che siete a posto. Sfornare, lasciare raffreddare per un minuto e servire!

68. Cupcakes per toast alla francese

Fa: 12

Ingredienti:

guarnizione

- ¼ tazza di farina per tutti gli usi
- ¼ tazza di zucchero
- 2½ cucchiai di burro non salato, tagliato a pezzi da ½ pollice
- ½ cucchiaino di cannella in polvere
- ¼ tazza di noci pecan tritate

Cupcakes

- 1½ tazza di farina per tutti gli usi
- 1 tazza di zucchero
- 1½ cucchiaino di lievito in polvere
- 1 cucchiaino di cannella in polvere
- ½ cucchiaino di pimento macinato
- ¼ cucchiaino di noce moscata appena grattugiata
- ½ cucchiaino di sale
- ½ tazza di burro leggermente ammorbidito
- ½ tazza di panna acida
- 2 uova grandi
- ½ cucchiaino di estratto d'acero
- 4 fette di pancetta

Indicazioni

a) Per prima cosa bisogna preparare il ripieno. In una ciotola media, unire lo zucchero, la farina, la cannella, le noci e il burro.
b) Usando le dita, unisci il burro fino a quando non ci sono pezzi più grandi di un pisello. Coprire e conservare in frigorifero fino al momento dell'uso.

c) Prepara i cupcakes: preriscalda il fornello a 350 ° F. Foderate uno stampo da biscotti da 12 tazze con i pirottini di carta. In una ciotola enorme, sbatti insieme la farina, lo zucchero, il preparato in polvere, la cannella, il pimento, la noce moscata e il sale. Mettiti in un posto sicuro.
d) In una ciotola capiente, utilizzando un frullatore elettrico, sbatti insieme il burro, la panna, le uova e lo sciroppo d'acero a velocità media fino a quando il composto non sarà ben amalgamato.
e) Ridurre la velocità del frullatore al minimo e includere la miscela di farina. Sbattere fino a quando non sarà semplicemente consolidato. Riempi per 2/3 ogni pozzetto dello stampo per biscotti, cuocilo per circa 20-25 minuti o fino a quando uno stuzzicadenti incastrato nel punto focale di un cupcake non dice la verità.
f) Mentre i cupcakes si scaldano, cuoci la pancetta come preferisci. Passare su un tovagliolo di carta per sgocciolare l'olio in eccesso e lasciare raffreddare. I cupcakes devono essere fatti raffreddare nello stampo per circa 15 minuti. A quel punto trasferite su una gratella a raffreddare completamente.
g) Tagliate la pancetta in 12 pezzi e mettetene un pezzo sopra ogni muffin.
h) Per conservare i muffin nel congelatore, chiudilo ermeticamente e può durare fino a 3 mesi, basta omettere la pancetta. Riscaldare nel forno tostapane per una maggiore prelibatezza.

69. Cupcakes con colibrì

Fa: 12

Ingredienti:

- 2 grandi banane mature, schiacciate
- 1 tazza di multiuso
- 1/2 cucchiaino di lievito in polvere
- 1/3 tazza di ananas (schiacciato (non scolare)
- 1/2 cucchiaino di bicarbonato di sodio
- 1/2 cucchiaino di cannella in polvere
- 1/4 cucchiaino di sale
- ½ tazza di burro, a temperatura ambiente
- 1/2 tazza di zucchero
- 2 uova grandi
- 1 cucchiaino di puro estratto di vaniglia
- 1/2 tazza di noci pecan tritate
- 1 tazza di cocco essiccato non zuccherato
- 1/2 tazza di uvetta dorata
- Glassa Di Crema Di Formaggio
- 8 once di crema di formaggio, a temperatura ambiente
- 1/4 tazza di burro, a temperatura ambiente
- 3 tazze di zucchero a velo
- 2 cucchiaini di estratto di vaniglia

Indicazioni:

a) Preriscaldate il forno a 350 gradi posizionando la griglia al centro. Foderate uno stampo per muffin da 12 tazze con i pirottini per cupcake in preparazione.
b) Unire le banane e gli ananas in una ciotola.
c) Schiacciate con il dorso di una forchetta e tenete da parte. Sbattere o sbattere insieme la farina, il lievito, il

bicarbonato di sodio, la cannella e il sale in una ciotola media separata.
d) Aggiungere il burro e lo zucchero in una ciotola capiente. Sbattere con una frusta fino ad ottenere un composto spumoso e chiaro. A poco a poco mettere le uova e poi l'estratto di vaniglia. Aggiungere gli ingredienti secchi a quelli umidi a cucchiaiate e sbattere fino a quando non sono ben amalgamati.
e) Unire l'ananas e le banane, facendo attenzione a non mescolare troppo. Unire le noci pecan, il cocco e l'uvetta dorata (se utilizzata). Versare la pastella negli stampini, lavorando per riempirli almeno per 2/3. Infornate e fate cuocere per circa 30-40 minuti.
f) I segni dei cupcakes completati includeranno uno stuzzicadenti che esce pulito e ha un aspetto apparentemente dorato.
g) Sfornare e mettere su una gratella a raffreddare. Una volta ottenuto ciò, utilizzare una piccola spatola o un coltello da cucina per glassare la parte superiore di ogni cupcake. Completare con le noci pecan tritate finemente.

Glassa (crema di formaggio)

h) In una ciotola mettete la crema di formaggio e il burro, poi sbattete con una frusta fino ad ottenere un composto molto liscio e senza grumi.
i) Quindi aggiungere l'estratto di vaniglia e lo zucchero fino, continuando a sbattere fino a ottenere un composto chiaro e liscio.

DOLCI AL CIOCCOLATO

70. Panna Cotta Al Cioccolato

5 porzioni

ingredienti:

- 500 ml di panna
- 10 g di gelatina
- 70 g di cioccolato nero
- 2 cucchiai di yogurt
- 3 cucchiai di zucchero
- un pizzico di sale

Indicazioni:

a) In una piccola quantità di panna, mettete a bagno la gelatina.

b) In un pentolino versate la restante panna. Portare a ebollizione lo zucchero e lo yogurt, mescolando di tanto in tanto, ma non far bollire. Togliere la padella dal fuoco.

c) Incorporate il cioccolato e la gelatina fino a quando non saranno completamente sciolti.

d) Riempite gli stampini con la pastella e fate raffreddare per 2-3 ore.

e) Per staccare la panna cotta dallo stampo, passatela sotto l'acqua calda per qualche secondo prima di togliere il dolce.

f) Decorate a vostro piacimento e servite!

71. Ciambelle ciliegie e cioccolato

fa 12
Tempo totale: 13 minuti

ingredienti

Ingredienti Secchi

- 3/4 tazza di farina di mandorle
- 1/4 tazza di farina di semi di lino dorati
- 1 cucchiaino di lievito per dolci
- Pizzico di sale
- Barrette da 10 g di cioccolato fondente, tagliate a cubetti

Ingredienti umidi

- 2 uova grandi
- 1 cucchiaino di estratto di vaniglia
- 2 1/2 cucchiai di olio di cocco
- 3 cucchiai di latte di cocco

Indicazioni

a) In una ciotola capiente, unire gli ingredienti secchi (tranne il cioccolato fondente).

b) Unire gli ingredienti umidi e poi incorporare i pezzetti di cioccolato fondente.

c) Collega la tua macchina per ciambelle e oliala se necessario.

d) Versare l'impasto nella macchina per ciambelle, chiudere e cuocere per circa 4-5 minuti.

e) Abbassare la fiamma al minimo e cuocere per altri 2-3 minuti.

f) Ripetete per il resto della pastella e poi servite.

72. Fonduta di amaretto al cioccolato

Fa 4 porzioni

ingredienti

- 3 once di cioccolato da forno non zuccherato
- 1 tazza di crema pesante
- 24 bustine di dolcificante all'aspartame
- 1 cucchiaio di zucchero
- 1 cucchiaino di amaretto
- 1 cucchiaino di estratto di vaniglia
- Frutti di bosco, ½ tazza per porzione

Indicazioni

e) Rompete il cioccolato a pezzetti e mettetelo in un misurino di vetro da 2 tazze con la panna.

f) Scaldare nel microonde alla massima potenza fino a quando il cioccolato non si scioglie, circa 2 minuti. Sbattere fino a quando il composto non sarà lucido.

g) Aggiungere il dolcificante, lo zucchero, l'amaretto e la vaniglia, sbattendo fino a ottenere un composto liscio.

h) Trasferite il composto in una pentola per fonduta o in una ciotola da portata. Servire con i frutti di bosco per intingere.

73. Caramella di cinque minuti

Ingredienti:

- 2/3 di tazza di latte evaporato
- 1-2/3 tazza di zucchero
- 1/2 cucchiaino di sale
- 1-1/2 tazza di marshmallow (le miniature funzionano meglio)
- 1-1/2 tazza di gocce di cioccolato (semidolce)
- 1 cucchiaino di vaniglia

Indicazioni:

a) Unire il latte, lo zucchero e il sale in una casseruola a fuoco medio.

b) Portare a bollore e cuocere per 4-5 minuti, mescolando continuamente (iniziare a cronometrare quando il composto inizia a "bollire" attorno agli angoli della padella). Togliere dal fuoco. Aggiungere i marshmallow, le gocce di cioccolato e la vaniglia. Mescolare energicamente per 1 minuto (o fino a quando i marshmallow non saranno completamente sciolti e amalgamati). Versare in una padella quadrata da 8 pollici imburrata. Raffreddare fino a quando non cade o non scivola nella padella.

c) Ti piacciono le noci? Aggiungere 1/2 tazza di noci tritate prima di versare nella padella.

74. Fonduta Di Cioccolato Alla Menta

Ingredienti:
- 1/2 tazza di crema pesante
- 2 cucchiai di liquore alla menta piperita
- 8 once di cioccolato semidolce

Indicazioni
a) Scaldare la panna a fuoco medio-basso
b) Aggiungi il liquore
c) Grattugiare il cioccolato o romperlo a pezzetti e aggiungerlo lentamente al composto mescolando
d) Mescolare finché il cioccolato non si scioglie

75. Soufflé di nuvole di cioccolato

Resa: 5 porzioni

Ingrediente

- ⅓ tazza Panna chiara 3 tuorli d'uovo
- 1 confezione da 3 once di sale Dash
- Crema di formaggio 3 albumi
- ½ tazza semidolce
- Pezzi di cioccolato
- 3 cucchiai setacciati
- Zucchero dei pasticceri

Indicazioni:

a) Frullare la panna e la crema di formaggio a fuoco molto basso. Aggiungere i pezzi di cioccolato; scaldare e mescolare finché non si scioglie. Freddo. Sbattere i tuorli d'uovo e il sale fino a che non siano densi e color limone. Amalgamare gradualmente al composto di cioccolato. Montare gli albumi a neve ben ferma.

b) Aggiungere gradualmente lo zucchero, sbattendo a neve ferma; incorporare la miscela di cioccolato. Versare in una teglia da soufflé da 1 litro o in una casseruola non unta. Cuocere in forno lento (300ø) 45 minuti o finché il coltello inserito non esce pulito.

76. Frutti immersi nel cioccolato

IOingredienti
- 2 mele o 2 banane o una ciotola di fragole
- 1/2 tazza di cioccolato fuso
- 2 cucchiai di noci tritate (mandorle, noci, noci del Brasile) o semi (canapa, chia, sesamo, **linosemipasto**)

Indicazioni:

a) Tagliate la mela a spicchi o la banana in quarti. Sciogliere il cioccolato e tritare le noci. Immergere la frutta nel cioccolato, cospargere di noci o semi e adagiare su un vassoio.

b) Trasferire la teglia in frigorifero in modo che il cioccolato possa indurirsi; servire.

c) Se non volete il cioccolato, ricoprite la frutta con burro di mandorle o di girasole e spolverizzate con semi di chia o di canapa, tagliatela a tocchetti e servite.

BARRETTE E PIAZZE DI CIOCCOLATO

77. Barrette proteiche vegane

Ingredienti:

- 1/3 di tazza di amaranto.

- 3 cucchiai di vaniglia o proteine vegane in polvere non aromatizzate.

- 1 1/2-2 cucchiai di sciroppo d'acero.

- 1 tazza di burro di arachidi o mandorle salato vellutato

- 2-3 cucchiai di cioccolato fondente vegano fuso.

Indicazioni

a) Fai scoppiare il tuo amaranto scaldando una pentola grande a fuoco medio-alto.

b) Aggiungere il burro di arachidi o di mandorle e lo sciroppo d'acero in una ciotola media e mescolare per integrare.

c) Aggiungere le proteine in polvere e mescolare.

d) Includi l'amaranto schioccato un po' alla volta fino a ottenere una consistenza "pasta" sciolta. Fai attenzione a non includere troppo o le barre potrebbero perdere la loro viscosità e non si uniranno.

e) Trasferite il composto nella teglia e schiacciate fino a formare uno strato uniforme. Appoggia sopra della carta pergamena o della pellicola trasparente e utilizza oggetti a fondo piatto come un misurino liquido per premere e caricare la miscela in uno strato uniforme e ben confezionato.

f) Trasferire in congelatore a rassodare per 10-15 minuti o fino a quando non sarà soda al tatto. Quindi sollevare e tagliare in 9 barrette. Gustatela così com'è, oppure cospargetela con un po' di cioccolato fondente fuso.

g) Questi diventano un po' morbidi a temperatura ambiente, quindi conservali in frigorifero (circa 5 giorni) o nel congelatore.

78. Barretta di quinoa soffiata

Ingredienti:

- 3 cucchiai di olio di cocco.
- 1/2 tazza di cacao crudo in polvere.
- 1/3 tazza di sciroppo d'acero.
- 1 cucchiaio di tahin
- 1 cucchiaino di cannella.
- 1 cucchiaino di vaniglia in polvere.
- Sale marino.

Indicazioni

a) In una piccola padella a fuoco medio-basso, sciogliere insieme l'olio di cocco, il cacao crudo, la tahina, la cannella, il mare d'acero, lo sciroppo e il sale vanigliato fino a ottenere una miscela di cioccolato più densa.

b) Versare la salsa al cioccolato sulla quinoa scoccata e mescolare bene. Versare un cucchiaio abbondante di croccante al cioccolato in pirottini da forno.

c) Riponeteli in freezer per almeno 20 minuti a indurire. Conservare in congelatore e deliziare!

79. Tazze Matcha per anacardi

Ingredienti:

- 2/3 tazza di burro di cacao.
- 3/4 tazza di cacao in polvere.
- 1/3 tazza di sciroppo d'acero.
- 1/2 tazza di burro di anacardi o quello che desideri.
- 2 cucchiaini di matcha in polvere.
- Sale marino.

Indicazioni:

a) Riempi una teglia con 1/3 di tazza d'acqua e posiziona una ciotola sopra, coprendo la padella. Una volta che la ciotola è calda e l'acqua sottostante sta bollendo, sciogliete il burro di cacao all'interno della ciotola, accendete il fuoco e. Una volta sciolto, togliere dal fuoco e aggiungere lo sciroppo d'acero e il cacao in polvere per un paio di minuti fino a quando il cioccolato non si addensa.

b) Utilizzando un supporto per cupcake di medie dimensioni, riempite lo strato inferiore con un cucchiaio abbondante di composto di cioccolato. Quando avrai riempito tutti i porta cupcake, mettili in freezer per 15 minuti per farli solidificare.

c) Togli il cioccolato congelato dal congelatore e metti 1 cucchiaio di impasto al burro di matcha/anacardio sopra lo strato di cioccolato congelato. Non appena questo è fatto, versa il cioccolato fuso rimanente su ogni ciuffo, in modo che copra tutto. Cospargete di sale marino e lasciate riposare in freezer per 15 minuti.

80. Fette di cioccolato di ceci

Ingredienti:
- Lattina da 400 g ceci, sciacquati, scolati.
- 250 g di burro di mandorle.
- 70 ml di sciroppo d'acero.
- 15 ml di pasta di vaniglia.
- 1 pizzico di sale.
- 2 g di lievito in polvere.
- 2 g di bicarbonato di sodio.
- 40 g di gocce di cioccolato vegan.

Indicazioni

a) Preriscaldare il forno a 180°C/350°F.

b) Ungete una teglia grande con olio di cocco.

c) Unisci i ceci, il burro di mandorle, lo sciroppo d'acero, la vaniglia, il sale, il lievito e il bicarbonato di sodio in un frullatore.

d) Frullare fino a che liscio. Unire metà delle gocce di cioccolato e distribuire la pastella nella teglia preparata.

e) Cospargere con le gocce di cioccolato riservate.

f) Cuocere per 45-50 minuti o fino a quando uno stuzzicadenti inserito esce pulito.

g) Raffreddare su una griglia per 20 minuti. Affettare e servire.

81. Barrette di banana

Ingredienti:

- 130 g di burro di arachidi liscio.
- 60 ml di sciroppo d'acero.
- 1 banana, purè.
- 45 ml di acqua.
- 15 g di semi di lino macinati.
- 95 g di quinoa cotta.
- 25 g di semi di chia.
- 5 ml di vaniglia.
- 90 g di avena a cottura rapida.
- 55 g di farina integrale.
- 5 g di lievito in polvere.
- 5 g di cannella.
- 1 pizzico di sale.

Guarnizione:

- 5 ml di olio di cocco fuso.
- 30 g di cioccolato vegano, tritato.

Indicazioni

a) Preriscaldare il forno a 180°C/350°F.

b) Foderate una teglia da 16 cm con carta da forno.

c) Unire i semi di lino e l'acqua in una piccola ciotola. Mettere da parte 10 minuti.

d) In una ciotola separata, unire il burro di arachidi, lo sciroppo d'acero e la banana. Incorporate il composto di semi di lino.

e) Una volta ottenuto un composto omogeneo, unire la quinoa, i semi di chia, l'estratto di vaniglia, l'avena, la farina integrale, il lievito, la cannella e il sale.

f) Versare l'impasto nella teglia preparata. Tagliare in 8 barrette.

g) Cuocere le barrette per 30 minuti.

h) Nel frattempo preparate il ripieno; unire il cioccolato e l'olio di cocco in una ciotola resistente al calore. Mettere su acqua bollente, finché non si scioglie.

i) Togliere le barrette dal forno. Mettere su una griglia per 15 minuti a raffreddare. Togliere le barrette dalla teglia e cospargere con la copertura di cioccolato. Servire.

82. Pancetta candita toffee quadrati

Ingredienti:
- 8 fette di pancetta
- ¼ tazza di zucchero di canna chiaro, ben confezionato
- 8 CUCCHIAI burro, ammorbidito
- 2 CUCCHIAI burro non salato, ammorbidito
- ⅓ tazza di zucchero di canna scuro, ben confezionato
- ⅓ tazza di zucchero a velo
- 1½ tazza di farina per tutti gli usi
- ½ cucchiaino di sale
- ½ tazza di caramelle mou
- 1 tazza di gocce di cioccolato fondente
- ⅓ tazza di mandorle tritate

Indicazioni

a) Riscalda il forno a 180°C (350°F). In una ciotola media, mescolare la pancetta e lo zucchero di canna chiaro e disporre in un unico strato su una teglia.

b) Cuocere per 20-25 minuti o fino a quando la pancetta non sarà dorata e croccante. Sfornare e lasciare raffreddare per 15-20 minuti. Tagliare a pezzetti.

c) Ridurre la temperatura del forno a 171°C (340°F). Foderare una teglia da 9×13 pollici (23×33 cm) con un foglio di alluminio, spruzzare con uno spray da cucina antiaderente e mettere da parte.

d) In una ciotola capiente, mescolate il burro, il burro non salato, lo zucchero di canna e lo zucchero a velo con le fruste elettriche a velocità media fino ad ottenere un composto chiaro e spumoso. Aggiungere gradualmente la farina e il sale per tutti gli usi, mescolando fino a quando non saranno ben amalgamati. Aggiungi ¼ di tazza di caramello fino a quando non sono distribuiti uniformemente.

e) Premere l'impasto nella teglia preparata e cuocere per 25 minuti o fino a doratura. Sfornare, spolverizzare con gocce di cioccolato fondente e lasciar riposare per 3 minuti o fino a quando le gocce non si saranno ammorbidite.
f) Distribuire il cioccolato ammorbidito in modo uniforme sulla parte superiore e cospargere con mandorle, pancetta candita e $\frac{1}{4}$ di tazza di caramello rimanente. Lasciar raffreddare per 2 ore o fino a quando il cioccolato non si sarà rappreso. Tagliare in 16 quadrati da 2 pollici (5 cm).
g) Conservazione: conservare in frigorifero in un contenitore ermetico per un massimo di 1 settimana.

83. Barrette proteiche al cioccolato e noci

Porzioni: 12 bar Tempo di preparazione: 1 ora

Ingredienti:
- Burro di noci puro al 100%, 250 g
- Semi di bargigli arrostiti, 1 ½ cucchiaino
- Yogurt senza grassi, 110 g
- 100% proteine del siero di latte in polvere, 100 g
- Cannella, 1 ½ cucchiaino
- Granella di cacao crudo, 4 cucchiaini
- Cioccolato fondente 85%, 100 g
- Estratto di vaniglia puro, 1 cucchiaio
- 100% proteine di piselli in polvere, 30 g

Indicazioni
a) Aggiungere tutti gli ingredienti tranne il cioccolato nel robot da cucina e frullare fino a che liscio.
b) Dal composto ricavare 12 barrette e metterle in frigorifero per 30 minuti.
c) Quando le barrette sono solide, sciogliere il cioccolato nel microonde e immergervi ogni barretta e ricoprire bene.
d) Disporre le barrette rivestite su una teglia foderata e riporre in frigorifero per 30 minuti o fino a quando il cioccolato non sarà ben sodo.
e) Divertiti.

84. Barrette proteiche al cioccolato tedesche

Porzioni: 12 bar

Ingredienti:
- Avena, 1 tazza
- Cocco grattugiato, ½ tazza + ¼ tazza, diviso
- Proteine di soia in polvere, ½ tazza
- Pecan, ½ tazza + ¼ tazza, tritate, divise
- Acqua, fino a ¼ di tazza
- Cacao in polvere, ¼ di tazza
- Estratto di vaniglia, 1 cucchiaino
- Granella di cacao, 2 cucchiai
- Sale, ¼ di cucchiaino
- Datteri Medjool, 1 tazza, snocciolati e messi a bagno per 30 minuti

Indicazioni:
a) Lavorare l'avena fino a ottenere una farina fine, quindi aggiungere il cacao in polvere e le proteine in polvere, lavorare di nuovo.
b) Nel frattempo scolate i datteri e aggiungeteli al robot da cucina. Frullare per 30 secondi, quindi aggiungere ½ tazza di cocco grattugiato e ½ tazza di noci pecan seguite da sale e vaniglia.
c) Lavorate ancora e continuate ad aggiungere l'acqua a poco a poco e formate l'impasto.
d) Mettere l'impasto in una ciotola capiente e aggiungere le noci pecan e il cocco rimanenti seguiti dalle fave di cacao.

e) Stendete l'impasto su carta da forno e copritelo con un'altra pergamena e formate un quadrato spesso.
f) Mettere in frigo per 2 ore, quindi rimuovere la carta da forno e affettare in 12 barrette della lunghezza desiderata.

85. Barrette di torta proteica al triplo cioccolato

Ingredienti:
- Farina d'avena, 1 tazza
- Bicarbonato di sodio, ½ cucchiaino
- Latte di mandorle, ¼ di tazza
- Proteine del siero di latte in polvere al cioccolato, 1 misurino
- Miscela per dolci alla Stevia, ¼ di tazza
- Farina di mandorle, ¼ di tazza
- Gocce di cioccolato fondente, 3 cucchiai
- Sale, ¼ di cucchiaino
- Noci, 3 cucchiai, tritate
- Cacao fondente in polvere non zuccherato, 3 cucchiai
- Salsa di mele non zuccherata, 1/3 di tazza
- Uovo, 1
- Yogurt greco semplice, ¼ di tazza
- Albumi d'uovo liquidi, 2 cucchiai
- Polvere di proteine del siero di latte alla vaniglia, 1 misurino

Indicazioni
a) Preriscaldare il forno a 350 F.
b) Ungete una teglia con spray da cucina e tenete da parte.
c) In una ciotola capiente unire le due farine con il sale, il bicarbonato di sodio, le proteine in polvere e il cacao amaro in polvere. Tieni da parte.
d) In un'altra ciotola sbattere le uova con la stevia e sbattere fino a quando non sono ben amalgamate, quindi aggiungere gli altri ingredienti bagnati e sbattere di nuovo.
e) Mescolare gradualmente il composto umido in un composto secco e sbattere bene per unire.

f) Unite le noci e le gocce di cioccolato, incorporatele delicatamente.
g) Trasferire il composto nella teglia preparata e cuocere per 25 minuti.
h) Fate raffreddare prima di togliere dalla padella e affettare

86. Barrette di cioccolato e lampone

Ingredienti:
- Burro di arachidi o mandorle, ½ tazza
- Semi di lino, ¼ di tazza
- Agave blu, 1/3 di tazza
- Cioccolato proteico in polvere, ¼ di tazza
- Lamponi, ½ tazza
- Fiocchi d'avena istantanei, 1 tazza

Indicazioni
a) Unire il burro di arachidi con l'agave e cuocere a fuoco basso, mescolando continuamente.
b) Quando il composto avrà ottenuto una consistenza liscia, aggiungerlo all'avena, ai semi di lino e alle proteine. Mescolare bene.
c) Aggiungere i lamponi e piegare delicatamente.
d) Trasferire l'impasto nella padella preparata e congelare per un'ora.
e) Tagliare in 8 barrette quando sono solide e gustare.

87. Barrette proteiche al muesli

Ingredienti:
- Latte di mandorle non zuccherato, ½ tazza
- Miele, 3 cucchiai
- Quinoa, ¼ di tazza, cotta
- Semi di chia, 1 cucchiaino
- Farina, 1 cucchiaio
- Cioccolato proteico in polvere, 2 misurini
- Gocce di cioccolato, ¼ di tazza
- Cannella, ½ cucchiaino
- Banana matura, ½, schiacciata
- Mandorle, ¼ di tazza, a fette
- Muesli, 1 ½ tazza, della tua marca preferita

Indicazioni
a) Preriscaldare il forno a 350 F.
b) Mescolare il latte di mandorle con la purea di banana, i semi di chia e il miele in una ciotola media e tenere da parte.
c) In un'altra ciotola unire gli altri ingredienti e mescolare bene.
d) Ora versate il composto di latte di mandorle sugli ingredienti secchi e amalgamate bene il tutto.
e) Trasferire l'impasto in una teglia e cuocere per 20-25 minuti.
f) Fate raffreddare prima di togliere dalla teglia e affettare.

88. Barrette Di Ciliegie Della Foresta Nera

Ingredienti:
- 3 21 once lattine ripieno di torta di ciliegie, diviso
- 18-1/2 once conf. miscela di torta al cioccolato
- 1/4 c. il petrolio
- 3 uova, sbattute
- 1/4 c. brandy al gusto di ciliegia o succo di ciliegia
- 6 once conf. gocce di cioccolato semidolce
- Facoltativo: guarnizione montata

Indicazioni
a) Refrigerare 2 barattoli di ripieno per torta finché non si saranno raffreddati. Usando uno sbattitore elettrico a bassa velocità, sbatti insieme il restante barattolo di ripieno, il composto per torta secca, l'olio, le uova e il brandy o il succo di ciliegia fino a quando non sono ben amalgamati.
b) Unire le gocce di cioccolato.
c) Versare l'impasto in una teglia da 13"x9" leggermente unta. Infornare a 150° per 25-30 minuti, fino a quando uno stuzzicadenti risulta pulito; freddo. Prima di servire, spalmare il ripieno della torta fredda in modo uniforme sulla parte superiore.
d) Tagliare a barrette e servire con topping montato, se lo si desidera. Serve da 10 a 12.

89. Barrette di popcorn al mirtillo rosso

Ingredienti:
- 3 once conf. popcorn al microonde, scoppiati
- 3/4 c. gocce di cioccolato bianco
- 3/4 c. mirtilli rossi secchi zuccherati
- 1/2 sec. scaglie di cocco zuccherato
- 1/2 sec. scaglie di mandorle, tritate grossolanamente
- 10 once conf. marshmallows
- 3 cucchiai di burro

Indicazioni

a) Foderare una teglia da 13 "x9" con un foglio di alluminio; spruzzare con spray vegetale antiaderente e mettere da parte. In una ciotola capiente unire i popcorn, le gocce di cioccolato, i mirtilli rossi, il cocco e le mandorle; mettere da parte. In una casseruola a fuoco medio, mescolare i marshmallow e il burro fino a quando non saranno sciolti e morbidi.

b) Versare sopra la miscela di popcorn e mescolare per ricoprire completamente; trasferire velocemente nella padella preparata.

c) Stendete sopra un foglio di carta oleata; premere con decisione. Raffreddare per 30 minuti o fino a quando non si rassoda. Sollevare le barre dalla padella, usando un foglio come maniglie; staccare la pellicola e la carta oleata. Affettare in barrette; raffreddare altri 30 minuti. fa 16.

90. Ciao Dolly Bar

Ingredienti:
- 1/2 sec. margarina
- 1 c. briciole di cracker Graham
- 1 c. scaglie di cocco zuccherato
- 6 once conf. gocce di cioccolato semidolce
- 6 once conf. patatine al caramello
- 14 once può latte condensato zuccherato
- 1 c. noci pecan tritate

Indicazioni

a) Mescolare insieme la margarina e le briciole di cracker Graham; premere in una teglia leggermente unta da 9 "x 9". Stratificate con cocco, gocce di cioccolato e gocce di caramello.

b) Versare sopra il latte condensato; cospargere di noci pecan. Infornare a 350 gradi per 25-30 minuti. Lasciate raffreddare; tagliato a barrette. Fa 12 a 16.

91. Barrette alla crema irlandesi

Ingredienti:
- 1/2 sec. burro ammorbidito
- 3/4 c. più 1 cucchiaio di farina per tutti gli usi, divisa
- 1/4 c. zucchero a velo
- 2 cucchiai di cacao da forno
- 3/4 c. panna acida
- 1/2 sec. zucchero
- 1/3 c. Liquore alla crema irlandese
- 1 uovo, sbattuto
- 1 ton. estratto di vaniglia
- 1/2 sec. panna montata
- Facoltativo: granelli di cioccolato

Indicazioni
a) In una ciotola, mescolate insieme il burro, 3/4 di tazza di farina, lo zucchero a velo e il cacao fino ad ottenere un impasto morbido.
b) Premere l'impasto in una teglia da forno 8"x8" non unta. Infornate a 350 gradi per 10 minuti.
c) Nel frattempo, in una ciotola a parte, sbatti insieme la farina rimanente, la panna acida, lo zucchero, il liquore, l'uovo e la vaniglia.
d) Amalgamare bene; versare sopra lo strato cotto. Rimettete in forno e infornate per altri 15-20 minuti, fino a quando il ripieno non sarà rappreso.
e) Raffreddare leggermente; conservare in frigorifero almeno 2 ore prima di tagliare in barrette. In una piccola ciotola,

con uno sbattitore elettrico ad alta velocità, sbattere la panna da montare fino a quando non si formeranno delle cime ben ferme.
f) Servire le barrette condite con ciuffi di panna montata e confettini, se lo si desidera.

92. Barrette alla banana

Ingredienti:
- 1/2 sec. burro ammorbidito
- 1 c. zucchero
- 1 uovo
- 1 ton. estratto di vaniglia
- 1-1/2 c. banane, purè
- 1-1/2 c. Farina per tutti gli usi
- 1 ton. lievito in polvere
- 1 ton. bicarbonato di sodio
- 1/2 ton. sale
- 1/4 c. cacao in polvere

Indicazioni

a) In una ciotola sbattere insieme burro e zucchero; aggiungere l'uovo e la vaniglia. Amalgamare bene; mantecare con le banane. Mettere da parte. In una ciotola a parte, unire la farina, il lievito, il bicarbonato e il sale; frullare nel composto di burro. Dividere la pastella a metà; aggiungere il cacao a metà.

b) Versare la pastella semplice in una teglia unta 13 "x9"; cucchiaio sopra la pastella al cioccolato. Agitare con un coltello da tavola; infornare a 350 gradi per 25 minuti.

c) Freddo; tagliato a barrette. Fa da 2-1/2 a 3 dozzine.

93. Quadrati di farina d'avena di zucca in qualsiasi momento

Ingredienti:
- Uovo di lino, 1 (1 cucchiaio di lino macinato mescolato con 3 cucchiai di acqua)
- Fiocchi d'avena senza glutine, ¾ tazza
- Cannella, 1 ½ cucchiaino
- Pecan, ½ tazza, dimezzato
- Zenzero macinato, ½ cucchiaino
- Zucchero di cocco, ¾ tazza
- Polvere di Arrowroot, 1 cucchiaio
- Noce moscata macinata, 1/8 di cucchiaino
- Estratto di vaniglia puro, 1 cucchiaino
- Sale marino rosa dell'Himalaya, ½ cucchiaino
- Purea di zucca in scatola non zuccherata, ½ tazza
- Farina di mandorle, ¾ tazza
- Farina di fiocchi d'avena, ¾ tazza
- Mini gocce di cioccolato non diario, 2 cucchiai
- Bicarbonato di sodio, ½ cucchiaino

Indicazioni
a) Preriscaldare il forno a 350 F.
b) Foderate una teglia quadrata con carta oleata e tenete da parte.
c) Unisci l'uovo di lino in una tazza e lascialo riposare per 5 minuti.
d) Sbattere la purea con lo zucchero e aggiungere l'uovo di lino e la vaniglia. Sbattere di nuovo per unire.
e) Ora aggiungi il bicarbonato di sodio seguito da cannella, noce moscata, zenzero e sale. Batti bene.

f) Infine aggiungere la farina, l'avena, la radice di freccia, le noci pecan e la farina di mandorle e sbattere fino a quando non saranno completamente incorporate.
g) Trasferire l'impasto nella teglia preparata e ricoprire con le gocce di cioccolato.
h) Cuocere per 15-19 minuti.
i) Fatela raffreddare completamente prima di toglierla dallo stampo e affettarla.

94. Barrette di zucca di velluto rosso

Ingredienti:
- Barbabietole cotte, 2
- Farina di cocco, ¼ di tazza
- Burro di semi di zucca biologico, 1 cucchiaio
- Latte di cocco, ¼ di tazza
- Siero di latte alla vaniglia, ½ tazza
- Cioccolato fondente 85%, fuso

Indicazioni
a) Unire tutti gli ingredienti secchi insieme tranne il cioccolato.
b) Mescolare il latte con gli ingredienti secchi e legare bene.
c) Formate delle barrette di medie dimensioni.
d) Sciogliere il cioccolato nel microonde e lasciarlo raffreddare per qualche secondo. Immergere ora ogni barretta nel cioccolato fuso e ricoprire bene.
e) Mettere in frigo fino a quando il cioccolato non sarà rappreso e compatto.
f) Divertiti.

95. Corteccia di cioccolato con noci pecan candite

Ingredienti:
- 2 CUCCHIAI di burro
- 1 tazza di metà di noci pecan
- 2 CUCCHIAI di zucchero di canna chiaro o scuro, ben confezionati
- 2 tazze di gocce di cioccolato fondente
- 2 CUCCHIAI Zenzero cristallizzato

Indicazioni

a) In una piccola casseruola a fuoco basso, scaldare il burro per 2 o 3 minuti o fino a completo scioglimento. Aggiungere le metà delle noci pecan e mescolare per 3-5 minuti fino a quando non saranno fragranti e nocciole. Unire lo zucchero di canna chiaro, mescolando continuamente, per circa 1 minuto o fino a quando le noci pecan non sono rivestite in modo uniforme e hanno iniziato a caramellare. Togliere dal fuoco.

b) Stendete le noci pecan caramellate su carta da forno e lasciate raffreddare. Tritare grossolanamente le noci pecan e metterle da parte.

c) A bagnomaria a fuoco medio, mescolare le gocce di cioccolato fondente per 5-7 minuti o fino a completo scioglimento.

d) Su una teglia foderata di carta da forno, spalmate il cioccolato fuso.

e) Cospargere uniformemente le noci pecan caramellate e lo zenzero cristallizzato. Mettere da parte per 1 o 2 ore o fino a quando il cioccolato non si sarà solidificato. Tagliare o rompere la corteccia in 6 pezzi pari.

f) Conservazione: Conservare coperto in un contenitore ermetico in frigorifero per un massimo di 6 settimane o in congelatore per un massimo di 6 mesi.

PALLINE DI CIOCCOLATO

96. Palline di mandorle biscotto

Ingredienti:

- 100 g di farina di mandorle.
- 60 g di proteine di riso in polvere aromatizzate alla vaniglia.
- 80 g di burro di mandorle o qualsiasi altro burro di noci.
- 10 gocce di stevia.
- 15 ml di olio di cocco.
- 15 g di crema di cocco.
- 40 g di gocce di cioccolato vegan.

Indicazioni

a) Unisci la farina di mandorle e le proteine in polvere in una ciotola capiente.

b) Unite il burro di mandorle, la stevia, l'olio di cocco e la crema di cocco.

c) Se il composto risulta troppo friabile, aggiungete un po' d'acqua. Incorporate il cioccolato tritato e mescolate fino ad ottenere un composto omogeneo.

d) Formate con il composto 16 palline.

e) Puoi anche rotolare le palline nella farina di mandorle.

97. Bocconcini di muesli al cioccolato bianco

Ingredienti:
- 1½ tazza di muesli
- 3 CUCCHIAI burro, fuso
- 2 tazze di cioccolato bianco si sciolgono

Indicazioni
a) Riscalda il forno a 250°F (120°C). Su una teglia bordata, mescolare la granola e 2 cucchiai di burro. Metti la teglia in forno per 5 minuti.
b) Rimuovere la teglia e mescolare fino a quando la granola non sarà completamente amalgamata con il burro. Rimettete la teglia in forno per 15 minuti, mescolando ogni 5 minuti. Sfornare e lasciare raffreddare completamente la granola.
c) A bagnomaria a fuoco medio, unire il cioccolato bianco sciolto e il restante 1 cucchiaio di burro. Mescolare per 5-7 minuti, o fino a quando il cioccolato bianco è completamente sciolto e ben amalgamato con il burro. Togliere dal fuoco.
d) Mescolare la granola raffreddata nella miscela di cioccolato bianco. Versare un cucchiaio colmo su carta da forno e lasciare raffreddare completamente prima di servire.
e) Conservazione: Conservare in un contenitore ermetico a temperatura ambiente per un massimo di 1 settimana.

98. Tartufi d'Ancho Cile

Ingredienti:
- ⅔ tazza di panna
- 5 CUCCHIAI burro
- 3 cucchiaini di peperoncino ancho in polvere
- 2 cucchiaini di cannella in polvere
- Dash sale
- ½ libbra (225 g) di cioccolato agrodolce, tritato
- 1 cucchiaino di cacao in polvere

Indicazioni

a) Foderate una teglia da 9×13 pollici (23×33 cm) con carta da forno e tenetela da parte. In una casseruola media a fuoco medio-basso, unire la panna, 3 cucchiai di burro, 2 cucchiaini di peperoncino in polvere, cannella e sale. Portare il composto a bollore, coprire e togliere dal fuoco. Lasciar riposare per 2 ore.

b) Riportare la casseruola a fuoco medio-basso. Quando raggiunge il bollore, togliere dal fuoco e aggiungere il cioccolato fondente e i restanti 2 cucchiai di burro. Mescolare per 2 o 3 minuti o fino a quando il cioccolato non si scioglie e la miscela è liscia. Versare nella teglia preparata e far riposare in frigorifero per 4 ore.

c) Usando un cucchiaio e le mani, forma il composto in 16 palline da 1 pollice (2,5 cm). Disponete le palline su una teglia foderata di carta da forno pulita e fate raffreddare in frigorifero per 30 minuti.

d) In una piccola ciotola, unire il restante 1 cucchiaino di peperoncino in polvere e il cacao in polvere. Passate le palline in polvere e riponetele sulla carta da forno.

99. Tartufi al cioccolato

Porzioni: 10-12

Ingredienti:
- ½ tazza di burro ammorbidito
- ½ tazza di zucchero a velo
- ¼ tazza di cacao amaro in polvere
- ½ tazza di farina di mandorle
- Un pizzico di sale grosso
- Estratto di mandorla dash
- Estratto di vaniglia
- 24 Mandorle intere, tostate nel burro e sale
- 1 tazza di cocco grattugiato non zuccherato

Indicazioni:
a) Foderate una teglia con carta da forno. In una ciotola mettete tutti gli ingredienti preparati tranne le mandorle intere e il cocco e mescolate delicatamente fino ad ottenere un composto abbastanza liscio.

b) Arrotolare i cucchiaini della miscela tra i palmi delle mani in palline. (Lavora velocemente, perché il burro diventa molto morbido velocemente. Metti in frigo per qualche minuto se il composto diventa troppo morbido.)

c) Se si utilizzano le mandorle tostate, infilarne una al centro di ciascuna e arrotolare di nuovo velocemente per lisciare le cose.

d) Mettere il cocco in una ciotola e rotolare le palline nel cocco fino a ricoprirle. Adagiatela su una teglia e mettete in frigo a rassodare. Conservare i munchies in un contenitore di vetro in frigorifero.

100. Ciliegie ricoperte di cioccolato

Porzioni: 12

Ingredienti:
- 24 ciliegie con il gambo (togliere il nocciolo o utilizzare quelle essiccate)
- 1 tazza di gocce di cioccolato al latte
- 1 tazza di gocce di cioccolato fondente
- $\frac{1}{4}$ tazza di olio di cocco

Indicazioni:
a) In una ciotola adatta al microonde, scalda le gocce di cioccolato fondente, le gocce di cioccolato al latte e l'olio di cocco.
b) Scaldare il composto a intervalli di 20 secondi e mescolare a turno fino a quando non si sarà sciolto.
c) Assicurati che il cioccolato non sia troppo caldo. Ricoprite le ciliegie con il cioccolato e lasciate sgocciolare il cioccolato in eccesso. Adagiate le ciliegie su un foglio di carta cerata.
d) Quando tutte le ciliegie saranno pronte, trasferitele in frigorifero per 1 ora
e) Ricoprite le ciliegie se volete (trasferite di nuovo in frigorifero) Buon appetito!

CONCLUSIONE

Sforniamo con il cioccolato perché ha un sapore così buono. Brownies e biscotti con gocce di cioccolato non sarebbero se stessi senza di essi. Ma il cioccolato fa molto di più per i prodotti da forno che aromatizzarli.

- A. **Fornisce struttura.** I prodotti da forno sono un attento equilibrio di ingredienti strutturali grezzi e portanti (pensa a farina e albume come travi di cemento e acciaio) e ineneritori (come zucchero, grasso e tuorli d'uovo) che mantengono la torta più morbida del pane. Il cioccolato ha molto grasso, ma finisce per aggiungere più struttura che tenerezza ai prodotti da forno. Le torte o i biscotti con il cacao in polvere hanno bisogno di meno farina di quelli senza e un dolce a base di cioccolato fondente sarà più duro di uno a base di latte.

- B. **Aggiunge consistenza:** Cosa rende mousse, glassa, glassa e ganache così avvincenti? Grasso! E più grasso aggiungi, più morbidi e cremosi saranno quei dolci. Il cioccolato ad alto contenuto di grassi esalta quelle consistenze cremose nei dolci al cioccolato a base di latticini come la mousse.

- C. **Assorbe l'umidità.** La farina assorbe l'acqua nelle uova, nel burro e nel latte, necessari per una cottura solida. Il cacao in polvere fa lo stesso e libbra per libbra può assorbire più liquido della farina. Quindi, se stai aggiungendo il cacao a un biscotto o una torta, puoi ridurre la farina.

www.ingramcontent.com/pod-product-compliance
Lightning Source LLC
Chambersburg PA
CBHW071606080526
44588CB00010B/1039